潘國森斗數教程（二）：入門篇

潘國森 著

書名：潘國森斗數教程（一）：入門篇
系列：心一堂當代術數文庫・星命類
作者：潘國森
主編、責任編輯：陳劍聰、潘國森

出版：心一堂有限公司
地址(門市)：香港九龍旺角西洋菜南街五號好望角大廈十樓1003室
電話號碼：(852)6715-0840
網址：publish.sunyata.cc
電郵：sunyatabook@gmail.com
網上書店http://book.sunyata.cc
網上論壇http://bbs.sunyata.cc/

版次：二零一六年五月初版
平裝

港幣　一百六十八元正
定價：人民幣　一百六十八元正
新台幣　七百六十八元正

國際書號　978-988-8316-71-7

香港及海外發行：香港聯合書刊物流有限公司
香港新界大埔汀麗路36號中華商務印刷大廈3樓
電話號碼：(852)2150-2100
傳真號碼：(852)2407-3062
電郵：info@suplogistics.com.hk

台灣發行：秀威資訊科技股份有限公司
地址：台灣台北市內湖區瑞光路七十六巷六十五號一樓
電話號碼：(886)2796-3638
傳真號碼：(886)2796-1377
網絡書店：www.govbooks.com.tw
台灣經銷：易可數位行銷股份有限公司
地址：台灣新北市新店區寶橋路235巷6弄3號5樓
電話號碼：(886)8911-0825
傳真號碼：(886)8911-0801
網址：http://ecorebooks.pixnet.net/blog

中國大陸發行 零售：心一堂書店
深圳地址：中國深圳羅湖立新路六號東門博雅負一層零零八號
電話號碼：(86)0755-82224934
北京地址：中國北京東城區雍和宮大街四十號
心一堂官方淘寶：sunyatacc.taobao.com/

作者（左六）於二零一四年九月應扶輪會之邀，擔任午餐會演講嘉賓，簡介「紫微斗數」。

因為有來自美國的友人出席午餐會，演講改為用英語進行。

琴台客聚

帝統十全格

潘國森

釐清了一些誤解，此下轉入正題，就是紫微斗數這一門相對「新興」的算命術過去究竟是怎樣發展。

這個可以先從橫向比較入手。現時以紫微斗數算命可算是「顯學」，前一種算命顯學則非子平莫屬。前賢留下子平學理的資料多，斗數的資料則相對少。子平到了現代又是怎樣發展？我們可以看看民國時代的前輩名家的研究方向。

簡單來說，一是研究自身及親友的命造，二是研究當代名人的命造。算命術是「術數」的範圍，跟最廣義的「數學」有共通點。小孩子上學學習現代數學時，是怎樣改進？當然是多解習題了。這方面於學算命術也相同。那又為何要研究本人的命格？那是因為我們對自己的運程順逆了如指掌。常言道：「旁觀者清，當局者迷。」這個說法其實並非全對。有些時候會反過來是「旁觀者迷，當局者清。」清代任鐵樵、民國時徐樂吾及韋千里等名家都從深入研究自身的命造而有新發現、新體會。多看命例是研習算命術的不二法門，但是個人會受自身的生活圈子所限，大富大貴、有大成就的親友不多，那就要多研究名人命例，尤其是古人命例。何解？一則古人已死，生平資料較齊全，可以「蓋棺定論」；二則研究時人命造，怕要追蹤多年，術者未必有這麼長命！看古人命造是學術探討，推算時人命造則是實際應用。

讀者諸君至此或許會有疑問，潘國森憑甚麼說斗數的發展要靠研究時人命造？

在此可以舉兩個民國時代出現的新格局。一是「陰精入土」（太陰辰宮安命），一是「木逢金制」（貪狼申宮安命）。清代以前的資料未見有相關的論述（不排除潘某人孤陋寡聞而有誰人藏得「秘笈」），但是剛巧二十世紀兩位地位極高、權力極重的大人物正正是這兩個格局。這個推理方式近似於西法邏輯學入面的逆推法（Abduction）。斗數的基本「學理」和法則已在，而證之於實例，卻出現過去歷代「祖師爺」未知的性質，由此逆推，就是重大的新發現！

為何原本主富的太陰，在辰宮反而成就「武貴」的大格？為何五行屬木的貪狼在屬金的申宮，名義上木受金剋制反而成為大領袖？這在斗數現存舊有的「理論」無解，於是前輩高賢就訂定了新的格局、新的通則，並起了一個足以令後學印象深刻的新名稱。

讀者諸君或會再有疑問，潘國森憑甚麼這樣講？是否制定「陰精入土」和「木逢金制」的前輩親口告知，或是其傳人傳授？都不是！

這是潘國森步武前賢的親身體會。

在帝制時代，中國最富最貴的是甚麼人？當然是皇帝。中國近五百年最富最貴的又是誰？當然是清高宗乾隆帝（愛新覺羅弘曆）。他的斗數盤是甚麼格局？竟然是天相在酉宮安命！現時流行的斗數著作，十居其九都說天相在卯酉宮是「弱宮」，誰會想得到乾隆皇竟然是天相在酉宮的命？

凡是發現新格局，都應該擁有「命名權」，潘國森「當仁不讓」，為乾隆皇這個「天相在弱宮」的大格命名為「帝統十全」，當為給高宗純皇帝拍一拍馬屁吧！

（斗數與統計・四）

作者於二零一五年首次提出「帝統十全格」，文字原載於香港《文匯報》。

二零一四年香港書展，作者（左）與《玄空風水心得》作者李泗達(右）主持講座。

作者擔任由心一堂與中華非物質文化遺產研究會合辦講座之主講嘉賓（香港中山圖書館），簡介紫微斗數。

紫微斗數捷覽（明刊孤本）

一

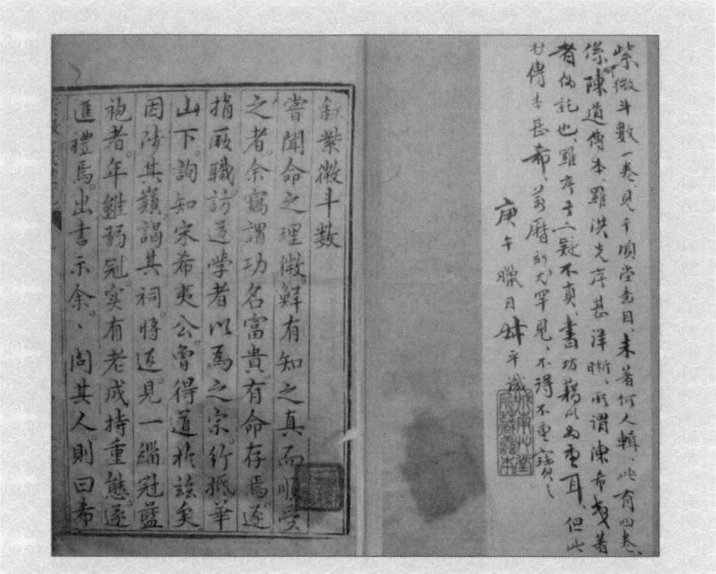
敘紫微斗數

嘗聞命之理微，鮮有知之真而明之者。余竊謂功名富貴有命存焉，遂指厥職訪道學者以為之宗，行抵華山下，詢知宋希夷公曾得道於該矣，因涉其巔，謁其祠，將返見一緇冠藍袍者，年雖弱冠，實有老成持重態，遂進禮焉，出書示余。問其人則曰希

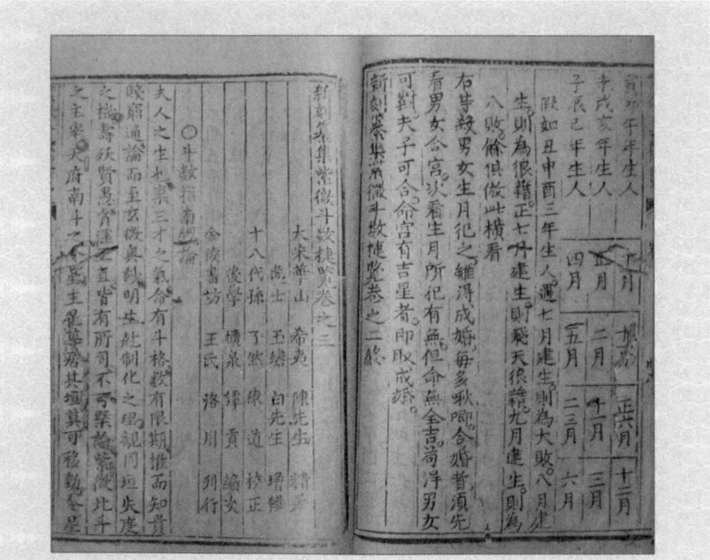
有時殺男女生月犯之，雖得成婚，每多啾唧。合婚者須先看男女合宮，次看生月所犯有無，但命無全吉，苟得男女可對，夫子可合，命宮有吉星者，即取成婚。

新刻紫集紫微斗數捷覽卷之二終

新刻紫集紫微斗數捷覽卷之三

大宋華山 希夷 陳先生 精著

十八代孫 了然 陳 道 校正

後學 積泉 疇 貢 編次

金陵書坊 王氏 洛川 刊行

○斗數指南總論

夫人之生也，稟三才之氣，命有斗格，數有限期，推而知貴賤窮通，論而至玄微奧妙，明生剋制化之理，識同垣失度之機，壽夭賢愚，富貴窮通，皆有所司，不可紊於紫微北斗之主宰，天府南斗之令，主星專守其垣，真可移動，衆星

心一堂術數古籍珍本叢刊 星命類 紫微斗數系列 七八

本書是港台現代斗數書籍中第一本首次引用現存最古老的明刊孤本斗數古籍《紫微斗數捷覽》內容。

目錄

自序

筆者在上世紀八十年代偶因好奇而接觸《易經》，稍後再因好奇而接觸術數，先是子平，然後是紫微斗數和堪輿。當時只是稍為了解過子平的基本學理，卻沒有怎樣實際應用；堪輿則很快就不感興趣；只曾對紫微斗數這一門算命術數花過不少時間研習。

《四庫全書．總目提要》認為術數的要旨「不出乎陰陽五行、生剋制化，實皆《易》之支流」。儒家的抱負，按照《漢書．藝文志．諸子略》的說法是「順陰陽，明教化」。堪輿之學似乎沒有太大的教化功能，不論看陽宅（生人起居活動的處所如住家、辦公室等）風水，還是看陰宅（墳墓）風水皆然。堪輿學上趨吉避凶的秘訣妙着既可以用來幫助善人，也可以拿來為奸惡之徒籌劃。算命則不同，術者可以將仁義道德不經意地滲透進去，更容易勸誘求問者向善離惡。我們很難想像，風水師一邊為主家設計二宅形制、一邊跟主家講孝悌忠信。

或謂中國傳統的占卦算命等等辦法都「不科學」。對此，筆者以年輕時學過理工科的過來人身份說幾句。我們絕對不能說中國傳統術數「不科學」（unscientific）！現時在社會上流傳較廣中國傳統術數有真有偽，假的不必說，真正有傳承、有實效的術數都可以形容為：「既不是『科學』（scientific），也不是『不科學』（unscientific），而是『非科學』（nonscientific）。」

今天絕大多數中國人都將「科學」（science）這個範圍廣泛的概念，理解為「自然科學」（natural science）。自然科學的入門初階，即是中學生課堂上學習的物理（physics）、化學（chemistry）、生物（biology）等科目。事實上英語 science 的本義僅為「知識」，源於拉丁語的 scientia。現時香港許多大學都有開辦 political science 的課程，甚或有獨立的學系。這門 political science 應當譯為「政治學」，譯為「政治科學」就很有點兒那個了。「政治科學」其實非常之「不科學」（unscientific）。

中國傳統術數是「非科學」（nonscientific），即是「與『（自然）科學』不沾邊」！

二十世紀初，中國人將 science 音譯為「賽恩斯」，還真很有道理。假如輕率地指責中國傳統術數都「不科學」，只反映講這話的人僅僅接觸過少許「自然科學」的皮毛，未得箇中三昧。

使用紫微斗數為人算命，重在幫助當事人認識自己，用現代心理學的術語，就是性格分析，然後才談得上趨吉避凶。初學者不應該追求當上「生神仙」而受社會大眾膜拜，畢竟紫微斗數有其局限。常言道：「旁觀者清，當局者迷。」這話用在我們日常待人處事很洽當。但是算命則有時反而是「旁觀者迷，當局者清」！以算命術數去分析和預測人生面對的萬事萬物，無非轉化為抽象的陰陽五行概念而已。對於當事人要面對的人際關係和實質際遇，只能粗略分類。許多事情術者不能、或者不方便查問得太過仔細，偶一不慎，就會差之毫厘、謬以千里了。此外，當事人未必有學過中國術數，他的思路不見得會依循術者使用那一門術數的方法和概念走。

故此，許多時候似乎由那些對中國傳統學術思想有興趣的人，花精神心力去學習術數，然後給身邊的至愛親朋「指點迷津」，可能會勝過慕名夫請「名家」

批命。

談到研習紫微斗數，基礎學理當然要熟習。然後就要研究古人命例、名人命例。這是討探現有理論和前人經驗心得的不二法門，可以幫助初學者加深了解前人歸納和演繹出的法則和結果。不過，在不同格局組合之下，富貴貧賤吉凶的程度深淺，只能心領神會。

然後才是為自己和身邊的親朋戚友算命，這是實踐應用。算二十來歲以下年青人的命，重在建議人生發展方向，例如學習、就業、戀愛、成家等等事務的緩急輕重。廣府話俗諺有謂：「男怕入錯行，女怕嫁錯郎。」在現代社會，則不論男女命都應重視家庭和事業兩件大事。

若是為中年人算命，則當事人可能已經走過了人生命運趨勢中最關鍵的時刻，可能有已做了某些重大抉擇，木已成舟便不能走回頭路。此時推算重點仍然應該放在家庭和事業。與家屬的關係有什麼地方要注意？事業方面要怎樣持續發展？需知家庭事務關係到感情生活和精神生活；事業則決定經濟狀況和物質生活。

筆者第一部斗數著作，是一九九五年在台灣出版的《紫微斗數話蔣毛》，早已脫銷。此書的前半部經增訂後，取名為《斗數詳批蔣介石》，已由心一堂重新刊行。原書是中級程度的教科書，不少讀者認為內容比較深，不好掌握。

本書便是為舊讀者重建基礎而寫，但是完全不知紫微斗數為何物的朋友也可以一讀，拿起紙筆，一步一步依樣葫蘆，當可掌握入門重點。若是學習過紫微斗數一段時間而仍然茫無頭緒，亦可以拿本書作為參考之用。

南海潘國森謹識

二零一六年丙申仲春

答問篇

問：你學紫微斗數，屬於那一個門派？師承那一位名家？

答：筆者的斗數老師吩咐，談紫微斗數時，不可以提及他的姓氏名號。

問：為甚麼不能講門派師承呢？

答：這就「不足為外人道」了。

筆者只能夠答既然老師吩咐得這樣清楚明白，那就很容易切實執行了。所以門派師承什麼的，一概無可奉告。同時請大家也不要對筆者講「你師叔師侄如何」、「你師嫂師姑姐這般」，遇上類似的話題，筆者既不能否認，也不能回應。否則有人拿一張名單來逐一試探，煩都煩死人了！

問：不能提老師姓名，是為了守住些甚麼「不傳之秘」嗎？

答：筆者所知的斗數內容，全部都可以公開，全部無須守秘。這包括了老師所教和自己學習研究得出的新方法、新結論。

試想一個讀書人上學，完成了課程畢業離校都二三十年了，還有必要一天到晚炫耀自己上過甚麼名校嗎？

我輩學《易》之人，當知《周易》第十三卦「同人」卦。六二爻詞謂：「同人于宗，吝。」卦辭則謂：「同人于野，亨。」這是先賢告誡後人不要受門戶宗派成見所局限。在這裡「宗」是宗族；「野」是戶外，借指在宗門聚居處之外；「吝」是遺憾怨恨；「亨」是亨通。也就是說死抱宗派門戶成見終會遺憾，打破宗派門戶成見才可以亨通。

通常大學問家、或是不同知識技能領域入面宗匠級的人物，都是指導宗派而不為宗派所指導。筆者不敢指導宗派，但亦不會被宗派束縛。而且紫微斗數一直不停發展，我們比較清代和民國時期的重要著作就知道了。漢代人治學最重師承，不敢修正師傳的片言隻字，否則有可能被視為背叛師門。我們活到二十一世紀，不必過份執著於師承門派的異同。假如有那一家、那一位的研究成果值得借鑑，筆者情願「同人于野」，絕不會「同人于宗」。

問：你在一九九五年出版《紫微斗數話蔣毛》，震驚術數界，為甚麼此後長時間不談斗數？這也是出於師命嗎？

答：老師的事，請不要再多提。

先父生前曾笑說筆者有五十多種嗜好，筆者讀書興趣廣泛倒是真的，但是各門嗜好的實際數目也從沒有認真算過。當年出書之後少談斗數，只是為了有別的事情要辦而已。

二十年後，可以分配多點時間在術數研習上面，剛好有些新的發現，值得公開，如此而已。第一步，便是把舊作《紫微斗數話蔣毛》的前半部訂正重刊，就是《斗數詳批蔣介石》了。（編按：《紫微斗數話蔣毛》由台北時報文化出版，早已脫銷。《斗數詳批蔣介石》由香港心一堂出版，收錄在《當代術數文庫》。）

問：既然當初未打算推廣紫微斗數，又為甚麼要著書立說呢？而且還要寫一部中級程度的教科書《紫微斗數話蔣毛》？

答：這書出版之後，有讀者來信問筆者的「館」開在那裡，相信是要找筆者幫他算斗數。可能一般人的想法都是既然出書談術數，必然以術數為業，偏偏筆者卻是例外。即使到了今天，筆者也無意收酬金為人算斗數。

至於深入研究蔣公的命造，其實是當年研習斗數的功課。只因那時比較用功，心想既然研究了蔣公的斗數盤，那就乘機拿毛公的斗數盤來比較一下，畢竟他們兩位是二十世紀中國權位最高、影響力最大的領導人，合共掌握中國的軍政大權近半個世紀。

當時想到，既然有了這些研究筆記，倒不如公開與讀者觀摩切磋。又因為涉及大運流年的流盤飛星，如果不簡略介紹一下佈流盤和數流年的法門，恐怕讀者會看不明白。所以就將這部書定位為中級程度的教科書，入門的基礎如起命盤和星曜基本性質等等就不放在書入面了。

刊行了這部書之後，算是完成了一階段的學習，於是將紫微斗數暫時放下，讀其要讀的書、寫其他要寫的文。

問：是不是所有關於紫微斗數的推算辦法和背後的學理都可以公開？

答：現時社會上流傳的斗數學說甚多，明代、清代和民國時期的珍本古籍也陸續面世。對於筆者來說，各種學說共分四類。

第一類是知道有這個說法，而且了解過，現時有使用。

第二類雖然是知道和了解過，但是現在並沒有使用。

第三類是聽過有這麼一回事，卻沒有了解過，所以沒有甚麼意見。

第四類是聽都沒有聽過。

若是第一類都可以公開。

問：那麼是否任何人請你教斗數，你都會「傾囊相授」？

答：這個不能擔保。儒家講究「因材施教」，視乎學員的程度、資質、習氣和是否用功等決定講解些甚麼內容。筆者只能保證自己學會多少、就能講授多少。但是無法保證任何人都能學得會。

比如說數學上的微積分（calculus）吧，要學習微積分必先通了代數學

(algebra) 才有可能跟得上，如果連四則運算也未弄清楚，那就休要想學得懂微積分。

以《紫微斗數話蔣毛》和後來的簡本《斗數詳批蔣介石》為例，有些讀者反映說書寫得太深，看得不大明白。這個就是程度的問題，基礎未學會，見到首次公開的辦法而沒有依樣葫蘆去練習，怎麼學得會？這個是讀者的問題，跟作者無關。

另外，又有讀者反映說此書寫得不夠詳細。但是這已經是史上公開刊行的批書之中篇幅最長的了，那裡不夠詳細，可能要面談才能夠了解。

問：那麼你會開班教授紫微斗數嗎？

答：現在要多放點時間在斗數，既然有讀者單看書追不上，那就開班面授吧。畢竟每個人的知識組合不一樣，有些辦法筆者認為很簡單，應該一聽就懂，對某些讀者來說卻可能是一個難關，必須有人一步一步提點。

有興趣的讀者可以跟心一堂聯繫。

問：有斗數名家強調任何有小學程度的人都能學會紫微斗數，是不是這樣？

答：筆者無意評論其他人的說法，只是不會用簡單的學歷程度、文憑證書之類來做判準。

問：為甚麼不能用學歷來做判準？

答：這個很簡單，同樣是小學畢業或者中學畢業，有些人成績好，有些人成績差。有些人全科合格；有些人在個別弱項可能不合格、甚至吃「鴨蛋」，但是主要科目都合格而能過關。就算同樣成績中上，也有些人文科較強，有些人理科較強。所以筆者認為不可以一概而論。

以對學習紫微斗數有用的知識技能為例，五十年前的小學畢業生，隨時有可能遠遠強過今天一個平庸的大學畢業生。因為幾十年前基礎教育的課程內容，跟今天可能有天淵之別。

問：學習紫微斗數，最重要是甚麼條件？

答：紫微斗數是中國傳統術數，所有這些術數都是易學的旁支。易學源於儒家學派現存五經中的《易經》，近代許多中國人立志學術數，他們大多知道要了解《易經》，但是學習儒家經典不能孤立只讀一部《易經》，還要對整個中國古代文化有最起碼、最基礎的認識。

所以說要學紫微斗數，最好能學點易理，即是易學的道理，否則也要在中國語言文字學下點功夫。簡而言之，第一重點是有較強的文言文理解力，以及對古代歷史和制度文化的認識。古文水平越高，越容易入手入門。

問：如果要通古文才可以學習紫微斗數，那麼小學程度可能不足。但是為甚麼要通古文呢？

答：雖然現在市面上有許多用白話文寫成的斗數教科書，但是有志學好斗數的朋友仍需要學習古訣，否則就很難登堂入室。

對中國傳統文化的認識越多越好，包括中國特有的陰陽五行學說，古代社會的風俗等，都有幫助。此所以不能以小學、中學、大學的學歷來評價。幾十年前教育不普及，許多人小學也未畢業就要投身社會。如果離開學校之後繼續自修中國文史，那麼即使只唸過幾年小學，也容易讀通與紫微斗數相關的古文古訣。否則，即使大學畢業、專業人士、又或者有博士碩士銜頭，如果是中國文史的水平極低的「番書仔」，也不容易掌握。以香港為例，近一二十年高等教育擴充發展過快，形成所謂「學歷貶值」，有些大學生的學業水平真叫慘不忍睹！

假如要定一個指標，最好能夠做到當代語言學大師季羨林先生對二十一世紀中國小孩的要求，那就是背熟五十篇古文和二百首詩。若是經過這樣最基本的中國語文訓練，那就差不多了。背誦經典詩文，除了可以提高語文能力，還可以鍛練記憶力。畢竟學習斗數跟學習其他中國術數或者外國的專業技能一樣，都必須記熟大量資料，才可以入門。

問：為甚麼要背古詩文、通古詩文？

答：前賢為了方便後學記憶重要資料，每每將秘訣編成詩歌韻文。除了小學生都懂的五言詩、七言詩之外，還有「四六文」，即是四言句和六言句。小時候背過點古文、漢賦和唐詩，要記憶歌訣就容易得多了。

問：學習紫微斗數要記憶力強，倒是第一次聽，為甚麼要記憶力強？

答：如果有些斗數老師將學習算命說得太過容易，很可能是擔心一下子把學員都嚇怕嚇跑了吧。

其實不論學習任何知識，記憶力強都有幫助。算紫微斗數，要記熟大量資料，星名都有百多個，各有各的特性。星曜與星曜之關的配合要記，星曜在不同宮位的反應要記，大運流年的流曜也要記。記不住的話，怎樣推算當事人的性格和運程？

讀醫科，要記熟大量名詞術語，人體各部份器官的名稱，病名、藥名等等；讀數學，要記熟大量公式；讀法律，要記熟大量法律條文和案例。甚至當一個合格的餐應侍應，也要記熟餐牌內容和價錢；當侍應領班，還要熟知各種食材的配搭。

問：除了中國文化、古文、陰陽五行之外，還需要有甚麼專長？

答：文化知識和記心之外，還要有推理能力、圖像思維和跳躍思維。

問：推理能力是指推理小說入面那些神探級的分析能力嗎？有需要另外學習推理技巧嗎？

答：常用的推理辦法就夠，主要是歸納推理（inductive reasoning）和演繹推理（deductive reasoning）。這兩種推理分析的辦法，相反相成，大家在日常生活中都經常會用到，只不過沒有留意而已。這也不需要特別去學西洋哲學和邏輯，筆者曾經撰文簡單解釋，大家可以參考本書的附錄。

問：圖像思維又是怎麼樣的一回事？

答：今天收藏書籍的機構叫「圖書館」，甚麼是圖書？顧名思義，書籍不光是純文字，許多還有圖像。

紫微斗數這門算命術，是按當事人的出生年、月、日、時等資料，排出命盤。

命盤上有十二宮，每個宮都有不同資訊，命盤本身就是一幅圖像。

到了推算大運流年時，我們要能夠在固定命盤上，「看」出流動的「流盤」。這在《紫微斗數話蔣毛》和《斗數詳批蔣介石》有介紹。例如蔣公的命宮在辰宮，中年大運到丑宮，命盤上的丑宮是原局的子女宮，但是我們推算癸丑大運時，就要「看」到丑宮是大運的命宮，原局的命宮辰宮卻變成了大運的田宅宮。如果不能掌握這種圖像思維，根本談不上可以推斷出甚麼東西來。然後再推算流年，就更複雜了。

另一方面，圖像思維有時可以代替許多文字的表述，節省記憶。

問：跳躍思維又是怎麼一回事？

答：簡而言之，「跳躍」就是跳來跳去的意思。

比如我們看一個命盤，推算到某一個大運運程，除了大運命宮之外，還要兼看大運其餘宮位。假如發現大運的父母宮很壞，那就要跳回去本命的父母宮，才可以評價這個大運的父母宮有多大的毛病、有甚麼樣的毛病。

若算到流年，還要「跳躍」得更多更大。

每個命造的特點不一樣，有些人命宮與夫妻宮的關係特別重要，有些人卻是命宮與財帛宮的關係影響最大，不能一概而論。

問：紫微斗數是否統計學？

答：紫微斗數是如何產生，為甚麼可以預測人的命運等等，都無可考證，唯一可以確定的，是發明紫微斗數的「祖師爺」比我們歷代的徒子徒孫都聰明得太多了。不過「祖師爺」不可能預見到了二十世紀、二十一世紀，會有後代中國人強行用西方的治學思維來糾繩中國古代的術數。

中國人治學比較偏重「定性分析」（qualitative analysis），歐洲人治學比較偏重「定量分析」（quantitative analysis）。今天西方主流社會繼承歐洲希臘羅馬文化，然後是近代自然科學，所以甚麼事情都要量化（quantify），都要用數學工具（mathematical tools）。紫微斗數與其他中國術數都不是這樣運作。

筆者的體會是，將紫微斗數與統計學扯上關係，只能說是近代的前輩用來應酬外行人的說法而已。讀者可以參考本書的附錄。

問：紫微斗數可以用來看風水地運嗎？

答：這是先前講的第三類，聽說過，但是不會。

問：您算紫微斗數時，會不會用「飛宮」和「自化」？

答：這是第四類，沒有聽過，不予置評。

問：「紫微星訣」是不是紫微斗數的最高心法？

答：這也是第三類，聽說過，但沒有了解，所以無法評論。

問：「六十星系」是不是紫微斗數的最高心法？

答：這個算是前述第一類與第二類之間。筆者現在會分為一百四十四個基本格局，即是紫微在子丑寅卯等十二宮都各有十二個基本格局。然後才是一百四十四格與十干四化交涉。

問：紫微在子宮和紫微在午宮不是相同的星系嗎？為什麼還要再分？

答：兩個格局剛好是相同的正曜在對宮，這時三方四正當然相同，但是紫微在午和紫微在子的性質只是相近，合在一起講可以省事，但二者始終有分別，因為其他十二宮的星曜不一樣。最主要是太陽和太陰的廟陷剛好相反。

又如太陽天梁在卯宮，跟太陽天梁在酉宮的差別就很大了。

再有是借星安宮的問題。例如天機太陰在寅宮，會照午宮天梁和戌宮天同，是「機月同梁」的正格。但是若在對宮申宮安命而無正曜，雖然借了寅宮的天機太陰過去，但是會照的卻變成了辰宮的巨門和子宮的太陽，就不是「機月同梁」格，而是「機月」加「巨陽」了。這兩個格局怎可以混為一談？

問：同一個時辰是否可以有三種不同的命盤？

答：這是第二類，了解過，但是現在沒有使用。

問：如果為一個遠在外國出生的人算斗數，當事人的出生時辰是怎樣定？是否要轉換成中國河南洛陽的當地實時？

答：筆者會用出生地的實時來算。古訣有云：「不準但用三時斷。」須知古代不是家家都有時辰鐘或銅壺滴漏，一般只粗略知道小孩是早上，正午，黃昏，或白天、或黑夜出生。今天婦女絕大多數在醫院分娩，所有人都很關心小孩是幾時幾分幾秒出世。古人沒有這麼講究，所以才有「不準但用三時斷」的說法。

問：紫微斗數有沒有甚麼局限？

答：中國傳統算命術數都有局限，紫微斗數能夠推算人運，但是天運和地運都凌駕人運。

問：何謂天運、地運、人運？

答：天運是指時代的大趨勢；地運是指國家、地方、社會升降浮沉的走向；人運是個人運程的順逆次序。古代女權低落，是時代的大趨勢。比如兩個女人命格完全一樣，一個活在明清時代，沒有事業，便只能在家族裡面向兒媳輩發號施令；一個活在二十世紀的香港，就可以自己創一番事業。活在同一個時代，不同國家的風俗也不一樣。幾個人命格完全一樣，若分別活在香港、臺灣、雲南、山西等不同地方，也會受地運影響。命格平庸的人受地運的影響更大。

算命術數的局限，還在於同一個命造只能反映相同的運勢，但是世間並無相同的人事。例如兩個人同年同月同日同時在同地出生，命格相同了，天運地運也相同了，但是這兩個人的父母、配偶、親戚、朋友的組合未必相同相近。例如香港每逢公曆年一月一日或夏曆年大年初一，都有傳媒四出追蹤採訪新年第一個出生的嬰兒，有些年份會在零時出現好幾個新生嬰，他們應該是同年同月同日同時生，命格應該相同。但是他們各自父母的年齡和職業就未盡相同。甚至有人是頭胎，有人不是頭胎。再者，兩個人有相同的運勢，但是在人生關鍵時候的抉擇可能不一樣，是對是錯，都會影響後運，所以不能一概而論。

紫微斗數建議參考書籍

研究紫微斗數，希望更上一層樓，必須正本尋源，了解斗數中安星、星耀、推斷方式的原本面貌及以其發展演變。民國初年以前，斗數古籍稀少，俱是必讀之作。另外酌選現代著作數種，列表如下：

書名	作者、編者	說明
《紫微斗數捷覽(明刊孤本)附點校本》*	馮一、心一堂術數古籍整理編校小組	是現存唯一的明刊本「紫微斗數」古籍，是海內孤本。其輯入斗數歌訣、文字內容，不少未見於《全集》及《全書》；是「紫微斗數」十分珍稀的文獻資
《紫微斗數全集》(虛白廬藏明末清初刻本)*	題【宋】陳摶	「紫微斗數」必讀古籍。坊本錯漏百出，本書是首次公開的善本，可訂正其訛誤。
《紫微斗數全書》(虛白廬藏清文誠堂刊本)*	題【宋】陳摶	「紫微斗數」必讀古籍。坊本錯漏百出，本書是首次公開的善本，可訂正其訛誤。
《斗數演例》*		虛白廬藏民國稿鈔本。書中除以作者秘傳所學，訂正坊本斗數內容外，也有坊本所無秘傳斷訣。也對斗數安星法加以訂正、整理；也對斗數推斷，如何應用在民國新社會，提出經驗。

書名	作者、編者	說明
《地星會源》、《斗數綱要》合刊*	【清】何汝楻	《地星會源》失傳第三種飛星講[算]命(斗數)：「看會合沖破、隨機應變，無不參觀如響，顯而易明」。《斗數綱要》，乃摘錄《全集》及《全書》部份，再夾以心得補註。對照比較，當可收互補長短、觸類旁
《斗數祕鈔》、《紫微斗數之捷徑》合刊*		兩種斗數古鈔本首次公開，摘錄《全集》及《全書》部份，再夾以心得補註。對照比較，當可收互補長短、觸類旁通之效。
《文昌斗數》、《紫微斗數舊鈔本》合刊*		兩種斗數古鈔本首次公開。
斗數宣微*	【民國】王裁珊	斗數中承先啟後重要著作，明清之《全集》及《全書》，對斗數安星法、推斷原則及方法加以訂正、整理、簡化，對斗數古書的論說加以修正及發展。
斗數觀測錄*	【民國】王裁珊	《斗數宣微》第三集，對斗數星曜性情、性質、推算之理，在堪輿、占卜上之應用，「十二宮假借拆用」等法，皆比二集有更深入、細緻的推演及發明，并有大量斷驗解說。
紫微斗數講義(二)	陸斌兆編著王亭之補註	以十四正曜為經、命身十二宮為緯。內容井然有序，體例勝過古籍。
中州派紫微斗數(深造講義)	王亭之著	以紫微在十二宮之正曜組合為經，強調星系組合，耳目一新，討論十干四化性質尤稱詳盡。
《斗數詳批蔣介石》*	潘國森著	已公開刊行篇幅最長之紫微斗數批書，並介紹推算大運流年的程序。

＊心一堂出版書籍

第一章　陰陽五行天干地支

第一節　陰陽五行（附八卦）

紫微斗數屬於星命之學，即是術數中醫卜星相之中，「星」的一類。術數是易學旁支，自然涉及中國獨有的陰陽思想。陰陽思想可以應用到差不多每一種中國傳統學問。至於當中的重點，簡而言之，就是古人認為世上萬事萬物都可以分為「陰」與「陽」兩種特性。

本書只略及學習紫微斗數必須的基礎知識，至於更全面的論述，將會另編新著。

古人透過長期觀察身邊的自然現象，歸納出「陰」與「陽」兩種對立而統一、相反相成、互根互補的「氣」。「氣」又可以反映內在的本質和外顯的形式，大致就是古人講的「體」和「用」。

陰陽學說在哲學上是一種「二元論」，但是跟西方的二元論不同。西方的二元論每每是一正一邪、一對一錯而勢不兩立。中國的二元論就不一樣，陰與陽都有正面和負面的情況，二者不可或缺。

現代中國讀書人都學過一點西方自然科學，若用最簡單的方法解釋，則我們身處的世界（其實是地球表面的「生物圈」biosphere）從太陽（sun）得到光和熱。古人透過觀察身邊的事物，得知太陽（古人較多稱之為「日」）照射大地時帶來光和熱，太陽下山之後天空變成黑暗，周圍變得寒冷。於是有了「晝」與「夜」、「光」與「暗」、「寒」與「熱」的觀念。最初沒有陰與陽的名稱，白晝、光明、溫熱相關，夜晚、黑暗、寒冷也相關，逐漸便有了陰陽分別的概念。白天方便經濟活動，打獵、耕種等等都在白天進行，晚上則是回家、休息的時候。於是白天陽氣盛的時候宜「動」，晚上陰氣盛的時候宜「靜」。古人發覺白天和夜晚也可以隨著時間而變。白天短而黑夜長的日子是「寒」，反過來白天長而黑夜短的日子是「暑」。寒暑一度，是許多植物生長的周期，通過長時間觀測，古人計算出寒暑一度大約是三百六十五個晝夜有餘。然後發明曆法，定義年（year，即一寒暑）和日（day，即一晝夜）。

在此我們不再深入討論，只略談萬事萬物如何分陰陽。

人生在天地之間，天動而地靜、山靜而水動。於是天與地對應時，天屬陽、地屬陰；山與水對應時，山屬陰、水屬陽。

人與高等動物都分陰陽，在人是男與女、在獸是牡與牝、在禽是雌與雄。

再將人的行為分陰陽，動靜是一陰陽，進退也是一陰陽。

陰與陽都可以有良性和惡性之別，當然單純分良性惡性也不能完全反映事實的真相，不過這樣有助於加深了解陰陽的屬性。現時西方有些人不太明白陰陽學說，間有人以為凡是陽都好，凡是陰都不好。西方有些學說認為光明好，黑暗不好。但是中國人則認為光明和黑暗同樣重要，那是從生活實踐中吸取的寶貴經驗。如果只有白晝而沒有黑夜，人可以永遠工作而不必休息嗎？

進屬陽、退屬陰。「進取」是良性，「躁進」則是惡性。「謙退」是良性，「冷退」則是惡性。因此，中國語文水平較高的話，對於學習中國學術思想、中國術數都有利。

雖然萬事萬物都可以分為陰和陽兩種「氣」，但是陰陽之別可以有多種層次。

《易傳．繫辭》：「是故《易》有太極，是生兩儀，兩儀生四象，四象生八卦，八卦定吉凶，吉凶生大業。」

太極是陰陽未分的混沌狀態，分了陰陽就「陰儀」和「陽儀」。兩儀再分陰陽，則陽儀分出「太陽」（又稱老陽）和「少陰」，陰儀分出「太陰」（又老老陰）和「少陽」。這「二老二少」就是「四象」。

老陽是「陽中之陽」，少陰是「陽中之陰」。這是說老陽和少陰的本質都屬陽，但是兩者比較之下，老陽和少陰分別顯現出偏向陽和偏向陰的形式。同理，老陰是「陰中之陰」，少陽是「陰中之陽」。這是說二者的本質都屬陰，但是老陰更偏向陰，而少陽偏向陽。

紫微斗數甚少直接使用易卦，只以「後天八卦」表示方位。離南、坎北、震東、兌西；巽東南、坤西南、乾西北、艮東北。

例如紫微斗數有所謂「殺陷震兌」的術語，「殺」是七殺（斗數中十四正曜之一）、「震東兌西」，這是指七殺在東西方屬於「落陷」的狀態。十二宮之中，卯宮是正東、酉宮是正西。「殺陷震兌」是指七殺在卯酉二宮落陷。

太極生兩儀兩儀生四象四象生八卦

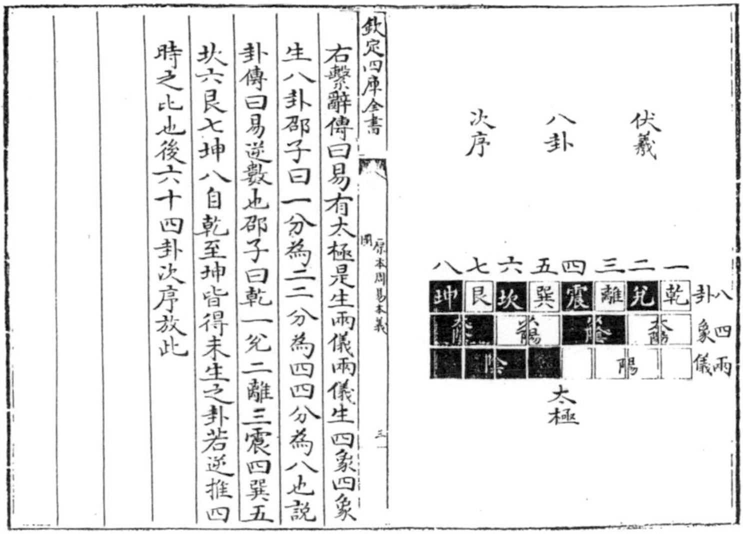

欽定四庫全書　原本周易本義　圖　三

右繫辭傳曰易有太極是生兩儀兩儀生四象四象生八卦邵子曰一分為二二分為四四分為八也說卦傳曰易逆數也邵子曰乾一兌二離三震四巽五坎六艮七坤八自乾至坤皆得未生之卦若逆推四時之比也後六十四卦次序放此

九宮八卦

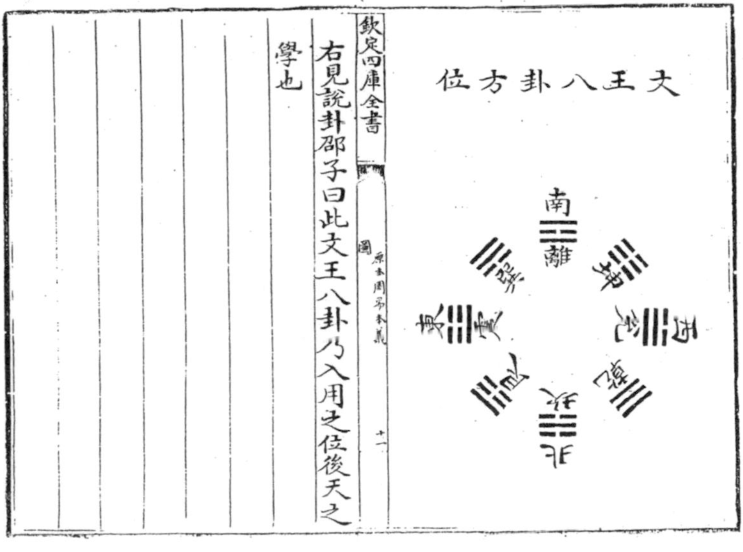

欽定四庫全書　原本周易本義　圖　十一

右見說卦邵子曰此文王八卦乃入用之位後天之學也

陰陽學說對紫微斗數不算特別重要，對子平（俗稱八字）則非常吃重。算紫微斗數的目的，可以歸納為兩大項。一是因應當事人的命格和賦性，規劃人生的路向。一是在遇上人生重要關頭時，怎樣在進與退、動與靜之間抉擇。進與退、動與靜就有陰陽之別了

萬事萬物除了可以分為陰陽之外，還可以分為五行。五行也是中國特有的學術思想。五行有很多次序，一般人用「金木水火土」，儒家經典用「水火木金土」，術數則以「木火土金水」較為方便。

中國的五行，比印度的四大多了一項。印度的四大是地、水、火、風。比較起來，兩家都有水和火。中國的土，近似印度的地。中國的木，近似印度的風。何解？因為風是空氣的流動，無形無質，不能看現也不能觸摸。風吹時，唯有植物搖動；因此中國的五行學說認為風屬木！四大的地水火風可以對應五行的土水火木，中國人多了「金」這一行。

五行還有相生和相剋的關係。

生方面包括：

（一）木生火。古人鑽木取火，草木枯乾之後，可以作為燃料。

（二）火生土。火可以令不同物料燃燒，過後變成灰燼，歸於塵土。

（三）土生金。金屬礦產可由大地泥土中採煉。

（四）金生水。許多人理解為金屬受熱後液化。筆者認為此說不合理，金生水應該是溫度和濕度的改變而令金屬用具的表面凝結出水珠，古人由是認為金能生水。

（五）水生木。植物無水不活，種子缺水不能發芽。

五行以木、火、土、金、水的次序為生，以這個次序隔一位則是相剋。

（一）木剋土。植物的生物力能夠破土而出。

（二）土剋水。土能夠節制流水的走向。在自然界為高山可以擋水，河流遇上高山就只能轉向。

（三）水剋火。這個小孩都懂。用現代科學解釋，是水可以降溫，令正在燃燒物料的溫度降到燃點之下，還有是水能夠阻礙燃料與空氣中的氧氣產生化學作用。

（四）火剋金。溫度高可以令金屬融化，由固態轉為液態。

（五）金剋木。金屬利器可以剪裁植物的支條，甚或砍伐樹木。

五行生與剋的關係不是絕對，算紫微斗數不需要更深層次的學理，本書只為帶領讀者入門，現在只談最基礎的內容就足夠了，其他從略。

五行	方位	四時	顏色	五臟
木	東	春	青	肝
火	南	夏	赤	心
土	中	四季長夏	黃	脾
金	西	秋	白	肺
水	北	冬	黑	腎

潘按：中國人按一年（寒暑一度）粗略等於三百六十日，分為春、夏、秋、冬四時，各配木、火、金、水九十日。春天木旺、夏天火旺等等。這樣土就無所歸屬。於是又有所謂長夏之說，即是將夏九十日撥出三十日為長夏屬土，這樣五行仍是分配的不平均。於是又有「土旺四季十八日」的理論（簡稱土王四季），即是春、夏、秋、冬各撥出最後的十八日給土，於是五行各佔七十二日。這是術數常用的辦法。另外醫家有五氣說，由二十四節氣中最後一個的大寒算起，木、火、土、金、水依序各佔七十二日，這樣五行的流轉更合理。但是「五氣說」在中醫也不常用，更遑論算命術數了。

第二節　天干地支

相傳中華民族始祖黃帝命令大臣大撓作甲子。「甲」是十天干首位、「子」是十二地支首位，「甲子」在這裡指天干地支。天干地支最主要的作用是紀錄年、月、日、時。

十天干是甲、乙、丙、丁、戊、己、庚、辛、壬、癸。

十二地支是子、丑、寅、卯、辰、巳、午、未、申、酉、戌、亥。

天干地支的本義可參考拙著《潘註千字文》（心一堂出版），不贅論。天干地支共十二個字，近年發現有在大學領一份薪水、自稱研究中國歷史的學者連天干地支都攪不清（見拙著《鳴鶴集》，心一堂出版，頁一八四），最基本的常識還是要講一下。

天干第五位「戊」，粵音讀如「霧」而不是讀如「茂」。地支第十一位「戌」，粵音讀如「恤」。兩字與「戍」形似，有一口訣分辨：「橫戌，點戍，戊中空。」（見拙著《基本中文》，次文化堂出版，頁一八零）

天干第六位的「己」是自己的己。地支第六位「巳」粵音讀如自己的「自」（zi6）。兩字跟已經的「已」形似，有一口訣分辨：「開口己、埋口巳、半口已。」

（見拙著《基本中文》，次文化堂出版，頁一八五）

此外，有些字音要談一談。

天干第九位「壬」，粵音讀如「吟」而不讀如任何的「任」。

天干第十位「癸」，粵音讀如「貴」而不讀如「葵」。

地支第四位「卯」，粵音讀如牡丹的「牡」而不讀如「某」。

學習紫微斗數，這天干地支的次序必須背得爛熟！

十天干表列：

序號	天干	陽陰	五行	方位
1	甲	陽	木	東
2	乙	陰	木	東
3	丙	陽	火	南
4	丁	陰	火	南
5	戊	陽	土	中
6	己	陰	土	中
7	庚	陽	金	西
8	辛	陰	金	西
9	壬	陽	水	北
10	癸	陰	水	北

十天干又可以分為五組，第一位甲與第六位己配合，其餘二與七、三與八、四與九、五與十，隔五位成對相合。稱為「天干五合」：

甲己合化土。（甲木與己土相合，仍化為土）
乙庚合化金。（乙木與庚金相合，仍化為金）
丙辛合化水。（丙火與辛金相合，轉化為水）
丁壬合化木。（丁火與壬水相合，轉化為木）
戊癸合化火。（戊土與癸水相合，轉化為火）

天干五合化氣的結果，是土、金、水、木、火，依次相生。
天干五合在紫微斗數用處不大，下文會再談。

十二地支表列：

序號	地支	陽陰	五行	生肖	方位	月份	節氣	時辰	六衝	六合
1	子	陽	水	鼠	正北	孟春	立春 雨水	23pm–1am	午	丑
2	丑	陰	土	牛	東北	仲春	驚蟄 春分	1am–3am	未	子
3	寅	陽	木	虎	東北	季春	清明 穀雨	3am–5am	申	亥
4	卯	陰	木	兔	正東	孟夏	立夏 小滿	5am–7am	酉	戌
5	辰	陽	土	龍	東南	仲夏	芒種 夏至	7am–9am	戌	酉
6	巳	陰	火	蛇	東南	季夏	小暑 大暑	9am–11am	亥	申
7	午	陽	火	馬	正南	孟秋	立秋 處暑	11am–1pm	子	未
8	未	陰	土	羊	西南	仲秋	白露 秋分	1pm–3pm	丑	午
9	申	陽	金	猴	西南	季秋	寒露 霜降	3pm–5pm	寅	巳
10	酉	陰	金	雞	正西	孟冬	立冬 小雪	5pm–7pm	卯	辰
11	戌	陽	土	犬	西北	仲冬	大雪 冬至	7pm–9pm	辰	卯
12	亥	陰	水	豬	西北	季冬	小寒 大寒	9pm–1 11pm	巳	寅

地支的方位以子、午、卯、酉為正北、正南、正東、正西（四正）。但是丑和寅算東北，其餘東南、西南、西北都有兩支（四隅）。實情是一個圓形共三百六十度，分為八個方位（八卦或四正四隅）是每一方四十五度，分為十二個方位（十二支）是每支三十度。因此八方和十二支不能完全重疊。丑和寅算東北，只是丑宮的三十度有過半在東北，小半在正北；寅宮的三十度則有過半在東北，小半在正東。如果只分東南西北四個方向，則每方九十度，正好等於三個地支（三十度乘三）。每一度粗略換算為一天，那麼「寅卯辰」是東方，屬木，代表春天；「巳午未」是南方，屬火，代表夏天；「申酉戌」是西方，屬金，代表秋天；「亥子丑」是北方，屬水，代表冬天。

另，「建寅之月」是「孟春之月」，起點是「立春」，這個「月」包含「立春」和「雨水」兩個節氣，以「驚蟄」為終結。「驚蟄」是「建卯之月」（即「仲春之月」）的起點，這個「月」包含「驚蟄」和「春分」兩個節氣，以「清明」為終結。餘此類推。

紫微斗數不用節氣，月份用「朔望月」，所以有「閏月」。中國曆法的基礎，可參考拙著《潘註千字文》（心一堂出版）。

一天的起點在子時的正中，即是凌晨零時。晚上十一時到零時，算是前一天的「夜子時」；凌晨零時到一時，算是今天的「日子時」。但是亦有人認為晚上十一時已經算是一天的開始，筆者不取此說，仍將子時分為「日子時」和「夜子時」。

地支的「六衝」和「六合」在紫微斗數的作用比天干五合為大，下文會再談。

十天干和十二地支各取其一，合在一起，就是干支。但是一干一支的組合不是隨便亂配，而必須按次序。所以干支的組合總數不是十天干乘十二地支而等於一百二十。

甲乙丙丁，依序配子丑寅卯，便得出甲子、乙丑、丙寅、丁卯。

陽干甲、丙、戊、庚、壬；配陽支子、寅、辰、午、申、戌。

陰干乙、丁、己、辛、癸；配陰支丑、卯、巳、未、酉、亥。

由甲子排到第十位癸酉，天干排完了而地支未完。於是天干從頭由甲排起，周而復始，第十一位干支便是甲戌，接下來是乙亥。這時地支排完了，又從頭由子排起，周而復始，第十三位干支是丙子。排到第六十位癸亥，天干地支都到了最後一位。於是再下一個第六十位干支又回到甲子了。

干支可以用作紀錄年月日時，中國的干支紀年對應西方的公元紀年見下表，但會有少許誤差。例如二零一三年，對應中國干支紀年是「癸巳」，一般會說「二零一三年歲次癸巳」。

為節省篇幅，這裡只列出公元一九八四年至二零四三年，共六十年。任何公曆年份，加減六十或其倍數，都得出相同的干支。

例如，二零一四年歲次甲午，減去一百二十年，一八九四年也是甲午，這一年在清末光緒年間，中日甲午戰爭即在這一年發生。

又如一九一一年辛亥革命，結束中國帝制，六十年後，一九七一年也是辛亥年。

日常生活與紫微斗數都是以大年初一為一年的開始，夏曆正月初一，一般在公曆一月底至二月中之間遊走。如果過了公曆一月一日元旦而未過夏曆大年初一，仍算是上一年的干支。

例如二零一六年本來對應中國干支紀年丙申（干支第三十三位）。但是在公曆二零一六年二月七日（夏曆的除夕，十二月二十九日）之前，仍屬上一年的干支，仍在乙未年。過了二月八日凌晨，交了大年初一，才算踏入丙申年。

但是用子平算命，則以立春為年與年之間的交接。每年立春都在二月上旬四日或五日，二零一六年的立春在二月四日，於是乎二月五、六、七日出生的人，以子平算命已是丙申年出生，但是算紫微斗數仍是乙未年出生。

其他年份的情況，讀者可以翻查萬年曆。

六十甲子序號

序號	1	2	3	4	5	6	7	8	9	10
干支	甲子	乙丑	丙寅	丁卯	戊辰	己巳	庚午	辛未	壬申	癸酉
序號	11	12	13	14	15	16	17	18	19	20
干支	甲戌	乙亥	丙子	丁丑	戊寅	己卯	庚辰	辛巳	壬午	癸未
序號	21	22	23	24	25	26	27	28	29	30
干支	甲申	乙酉	丙戌	丁亥	戊子	己丑	庚寅	辛卯	壬辰	癸巳
序號	31	32	33	34	35	36	37	38	39	40
干支	甲午	乙未	丙申	丁酉	戊戌	己亥	庚子	辛丑	壬寅	癸卯
序號	41	42	43	44	45	46	47	48	49	50
干支	甲辰	乙巳	丙午	丁未	戊申	己酉	庚戌	辛亥	壬子	癸丑
序號	51	52	53	54	55	56	57	58	59	60
干支	甲寅	乙卯	丙辰	丁巳	戊午	己未	庚申	辛酉	壬戌	癸亥

干支紀年換算公曆

序號	1984	1985	1986	1987	1988	1989	1990	1991	1992	1993
干支	甲子	乙丑	丙寅	丁卯	戊辰	己巳	庚午	辛未	壬申	癸酉
序號	1994	1995	1996	1997	1998	1999	2000	2001	2002	2003
干支	甲戌	乙亥	丙子	丁丑	戊寅	己卯	庚辰	辛巳	壬午	癸未
序號	2004	2005	2006	2007	2008	2009	2010	2011	2012	2013
干支	甲申	乙酉	丙戌	丁亥	戊子	己丑	庚寅	辛卯	壬辰	癸巳
序號	2014	2015	2016	2017	2018	2019	2020	2021	2022	2023
干支	甲午	乙未	丙申	丁酉	戊戌	己亥	庚子	辛丑	壬寅	癸卯
序號	2024	2025	2026	2027	2028	2029	2030	2031	2032	2033
干支	甲辰	乙巳	丙午	丁未	戊申	己酉	庚戌	辛亥	壬子	癸丑
序號	2034	2035	2036	2037	2038	2039	2040	2041	2042	2043
干支	甲寅	乙卯	丙辰	丁巳	戊午	己未	庚申	辛酉	壬戌	癸亥

第三節　五虎遁月（年干支定月干支）

干支配月份的辨法，也因應夏曆中有兩種算月份的辨法要有差異。（可參考拙著《潘註千字文》，心一堂出版）

紫微斗數用「朔望月」，以大年初一為新一年的開始，一年可以有十二個月或十三個月，遇上有十三個月的年份，就會多了一個閏月。子平用「回歸月」，即以節氣劃分，每一年都是十二個月。紫微斗數的月，也借用十二地支，至於閏月，則有特別安排，下文再談。

月份	借用地支
正	寅
二	卯
三	辰
四	巳
五	午
六	未
七	申
八	酉
九	戌
十	亥
十一	子
十二	丑

推算紫微斗數只重視年干支，月干支只有兩個功用。一是定十二宮的宮干，這在下文起命盤是會再談。其次是在推算流月時才會用。

「月支」是一年十二個月的地支，正月建寅，二月建卯，餘此類堆，至十二月建丑。

正月、二月、三月，即寅、卯、辰月，當作春天。
四月、五月、六月，即巳、午、未月，當作夏天。
七月、八月、九月，即申、酉、戌月，當作秋天。
十月、十一月、十二月，即亥、子、丑月，當作冬死。

古人又以十二生肖以中的虎配地支寅，每個夏曆年的正月都借為寅月。由年天干決定是年寅月的天干，故稱為「五虎遁月」。凡甲年正月為丙寅，然後丁卯、戊辰等至於丁丑月，於是乙年正月為戊寅，餘此類堆。

定每年寅月的辦法有一口訣：

甲己之年丙作首，
乙庚之歲戊為頭。
丙辛寅月從庚起，
丁壬壬位順行流。
更有戊癸何方發，
甲寅之上好追求。

五虎遁月表

月 \ 年干	甲己	乙庚	丙辛	丁壬	戊癸
孟春正月	丙寅	戊寅	庚寅	壬寅	甲寅
仲春二月	丁卯	己卯	辛卯	癸卯	乙卯
季春三月	戊辰	庚辰	壬辰	甲辰	丙辰
孟夏四月	己巳	辛巳	癸巳	乙巳	丁巳
仲夏五月	庚午	壬午	甲午	丙午	戊午
季夏六月	辛未	癸未	乙未	丁未	己未
孟秋七月	壬申	甲申	丙申	戊申	庚申
仲秋八月	癸酉	乙酉	丁酉	己酉	辛酉
季秋九月	甲戌	丙戌	戊戌	庚戌	壬戌
孟冬十月	乙亥	丁亥	己亥	辛亥	癸亥
仲冬十一	丙子	戊子	庚子	壬子	甲子
季冬十二	丁丑	己丑	辛丑	癸丑	乙丑

第四節　五鼠遁時（日干支定時干支）

紫微斗數要算到流日和流時，才需要考慮日和時的干支。一般沒有必要推算得太過細碎，除非流年流月極差，有可能發生意外橫禍，才會去看流日流時。

日干支沒有甚麼規律，不論是以公曆還是夏曆的日期來換算干支都沒有簡單的公式，最方便的是查萬年曆。

一天的開始在子時，十二生肖以鼠配子。知道流日的天干之後，就可以推出流時的干支。有一口訣：

甲己還加甲，
乙庚丙作初。
丙辛從戊起，
丁壬庚子居。
戊癸壬為首，
餘辰順序推。

五鼠遁時表

時＼日干	甲己	乙庚	丙辛	丁壬	戊癸
子	甲子	丙子	戊子	庚子	壬子
丑	乙丑	丁丑	己丑	辛丑	癸丑
寅	丙寅	戊寅	庚寅	壬寅	甲寅
卯	丁卯	己卯	辛卯	癸卯	乙卯
辰	戊辰	庚辰	壬辰	甲辰	丙辰
巳	己巳	辛巳	癸巳	乙巳	丁巳
午	庚午	壬午	甲午	丙午	戊午
未	辛未	癸未	乙未	丁未	己未
申	壬申	甲申	丙申	戊申	庚申
酉	癸酉	乙酉	丁酉	己酉	辛酉
戌	甲戌	丙戌	戊戌	庚戌	壬戌
亥	乙亥	丁亥	己亥	辛亥	癸亥

嚴格來說，一天的開始是「日子時」，終結則在「夜子時」。「日子時」用上表的干支，「夜子時」則用翌日的干支。

例如甲日，始於甲子時，然後乙卯、丙寅……至乙亥，然後夜子時是丙子。餘此類推。

因此由日干可以導出十三組干支。但是有些論者認為一天的開始應在晚上十一時，筆者不取此說，從略。

第五節　長生十二神

「長生十二神」在紫微斗數非常重要，用作描述五行中某一行的強弱變化的周期。

上文提過十二地支之中，子午卯酉是四個正向。

子在正北方，水最旺。

午在正南方，火最旺。

卯在正東方，木最旺。

酉在正西方，金最旺。

長生十二神是：長生、沐浴、冠帶、臨官、帝旺、衰、病、死、墓、絕、胎、養。因為長生居首位，於是稱為「長生十二神」。

簡單概括了生命的周期，長生是誕生；沐浴是嬰兒出生後清潔，比喻剛出生仍待生長發育；冠帶是成人禮；臨官是將要做官；帝旺是生長到極盛；衰是物極必反，由最高點退步；病是健康轉壞；病重然後死亡；死亡之後入墓；絕是在墓中生機斷絕；胎是絕處又逢生；養是在母體中成長，等待再次降生。這十二個階段是借用人生命的循環，不必望文生義，以為「病」令人生病，「死」令人死亡。

例如木旺於卯，其餘十一神依次排列。

由「帝旺」數一，逆數至五是「長生」。在紫微斗數中，土的長生居在水，五行的長生十二神列表如左：

長生十二神（地支五行衰旺）

序號	神	木	火	土	金	水
1	長生	亥	寅	申	巳	申
2	沐浴	子	卯	酉	午	酉
3	冠帶	丑	辰	戌	未	戌
4	臨官	寅	巳	亥	申	亥
5	帝旺	卯	午	子	酉	子
6	衰	辰	未	丑	戌	丑
7	病	巳	申	寅	亥	寅
8	死	午	酉	卯	子	卯
9	墓	未	戌	辰	丑	辰
10	絕	申	亥	巳	寅	巳
11	胎	酉	子	午	卯	午
12	養	戌	丑	未	辰	未

長生十二神之中，以第一位的「長生」、第五位的「帝旺」和第九位的「墓」最為重要。剛好隔四位。簡稱「生旺墓」。

此下，將水、火、金、木四行的「生旺墓」合為一表。

十二神	水局	火局	金局	木局
生	申	寅	巳	亥
旺	子	午	酉	卯
墓	辰	戌	丑	未

仍依生、旺、墓的次序，可以得出四個合局。

申子辰三合水局。

寅午戌三合火局。

亥卯未三合木局。

巳酉丑三合金局。

除了四個三合局之外，十二地支也可以按生、旺、墓來分類。

寅申巳亥四長生。

子午卯酉四桃花。（也叫四正、四旺，但習慣叫四桃花）

辰戌丑未四墓庫。

第六節　十二地支分類

學習紫微斗數，十天干和十二地支的次序必須記得爛熟。除此之外，天干五合也要知道。地支就複雜了些。在此做個小結。

（一）地支六衝（隔六位）

子午衝。

丑未衝。

寅申衝。

卯酉衝。

辰戌衝。

巳亥衝。

地支六合剛隔六位，第一位子與第七位午相衝，陽支衝陽支、陰支衝陰支，餘此類推。

（二）地支六合

子丑合化土。（子水與丑土相合，仍化為土）

寅亥合化木。（寅木與亥水相合，仍化為木）

卯戌合化火。（卯木與戌土相合，轉化為火）

辰酉合化金。（辰土與酉金相合，仍化為金）

巳申合化水。（巳火與申金相合，轉化為水）

午未合化日月。（午火與未土相合，午化為日、未化為月）

地支六合必然是一陽支跟一陰支相合。

（三）地支成方

寅卯辰東方，屬木。

巳午未南方，屬火。

申酉戌西方，屬金。

亥子丑北方，屬水。

（四）地支三合

申子辰三合水局。

寅午戌三合火局。

巳酉丑三合金局。

亥卯未三合木局。

水局和火局涉及陽支；金局和木局則涉及陰支。

（五）四長生、四桃花、四墓庫

寅申巳亥四長生。

子午卯酉四桃花。

辰戌丑未四墓庫。

以上五種分類辦法都要熟記，只地支六合化氣的結果不太重要，記不住也無所謂。

第七節　十二地支方盤

算紫微斗數，第一個步驟是按當事人的出生年、月、日、星等資料，排出「命盤」。

「命盤」上寫滿多種資料，共一百多顆「星」，分佈在十二宮內。十二宮都有本宮的干支，為方便推算命格，可以預先準備「十二地支方盤」。

十二地支方盤

巳	午	未	申
辰			酉
卯			戌
寅	丑	子	亥

地支六合

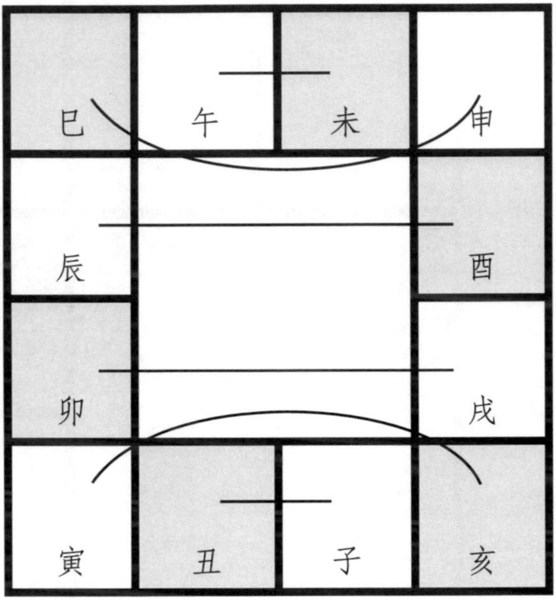

寅申衝、巳亥衝與四長生

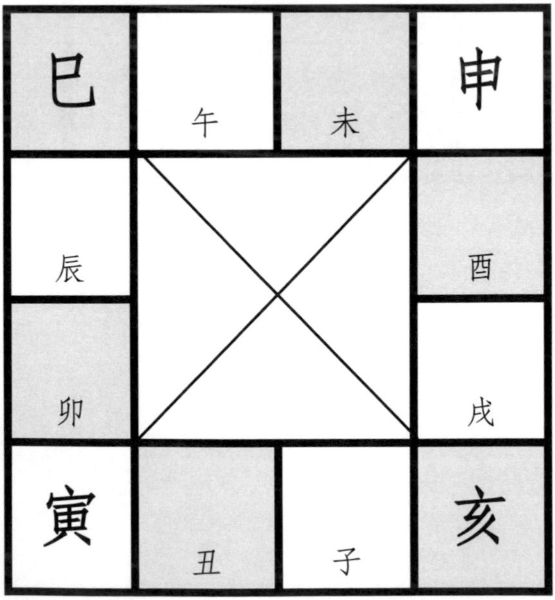

子午衝、卯酉衝與四桃花

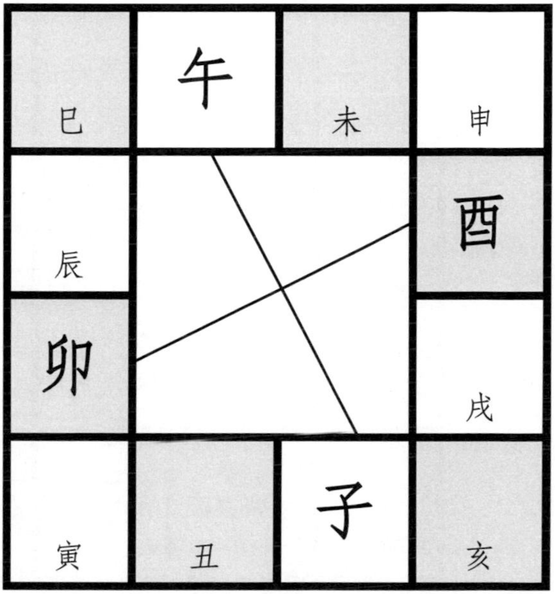

辰戌衝、丑未衝與四墓庫

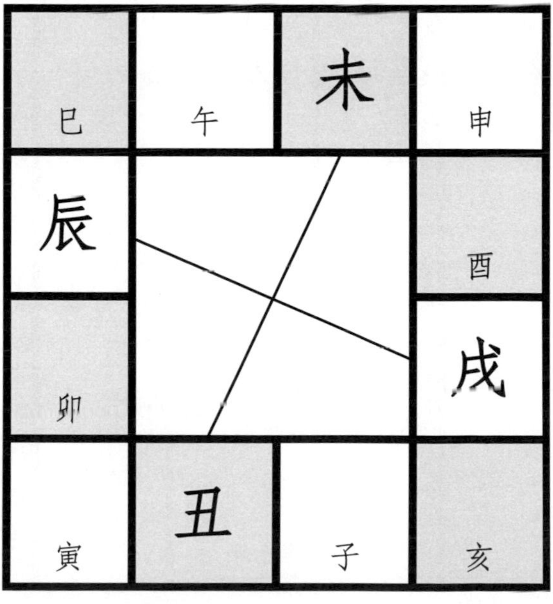

申子辰三合水局

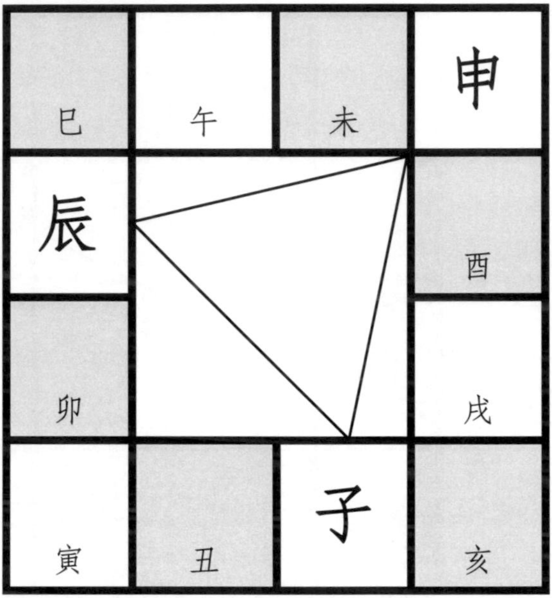

寅午戌三合火局

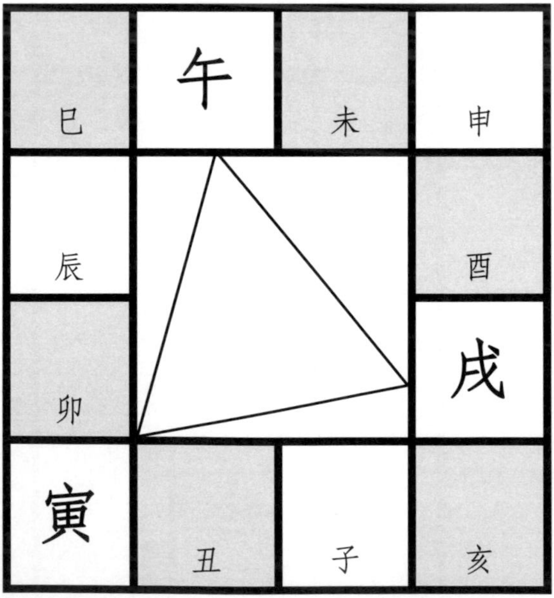

巳酉丑三合金局

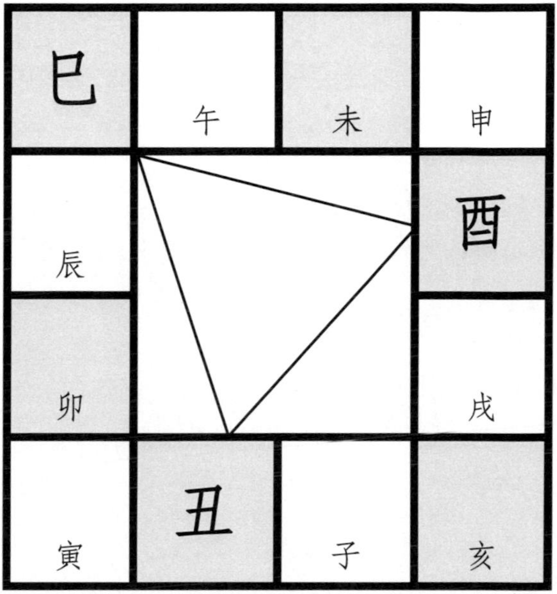

亥卯未三合木局

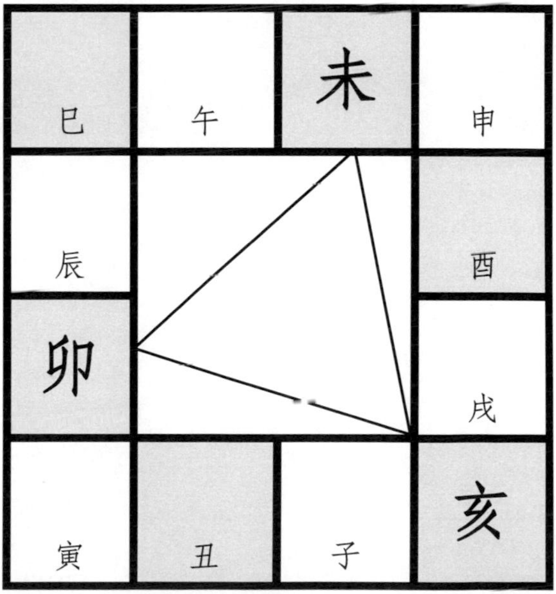

第二章　紫微斗數的星曜

紫微斗數相傳為陳摶（字希夷，八七二至九八九，唐末經五代至宋初人，壽過百歲）所創。紫微斗數屬於「星命之學」，在紫微斗數流行之前，以天上星辰來推算、預測人的命運，主要用「七政四餘」之學。

七政是日（Sun）、月（Moon）和水（Mercury）、火（Mars）、木（Jupiter）、金（Venus）、土（Saturn）五星，全都是在天空大到可人肉眼見到的星體。四餘是紫氣、月孛、羅睺、計都。

簡而言之，五星術是經過中國化之後的西洋占星術（Astrology），既有日月五星等實際天體和黃道十二宮，亦有中國獨有的二十八宿。

紫微斗數中的「星曜」，卻不是真正天上的星體，只是借用一些星名，而帶有相關的性質。「紫微」不是北極星；「太陽」不是太陽（Sun）；「太陰」不是月亮（Moon）；「火星」不是火星（Mars）；「貪狼」、「巨門」、「祿存」、「文曲」、「廉貞」、「武曲」和「破軍」也不是天上的北斗七星等等。

因此，七政四餘用「實星」，紫微斗數則用「虛星」。

紫微斗數用的「星」（或稱「曜」、「星曜」）多達百餘顆，因此筆者在前文曾經指出，學紫微斗數必須記心好。

前賢為方便記憶和使用，有多種分類方法。現在筆者重新分類。

（一）十四正曜

十四正曜，是紫微斗數所有星曜之中最重要的十四顆。即紫微、天府、天相、武曲、七殺、破軍、貪狼、廉貞；太陽、太陰、天同、天梁、天機和巨門。這些筆者重新整理的次序。用一簡訣記憶：

紫府相武，殺破貪廉；日月同梁機巨。

十四正曜是紫微斗數論命芸芸星曜之中最重要的，學習紫微斗數必須對十四正曜的性質非常熟悉。現列一表，先簡介基本資料，讀者最宜一次過記熟：

正曜	化氣	備註
紫微	尊	北斗主星，亦是全盤主星。官祿宮主星，喜百官朝拱。
天府	庫	南斗主星，與天相為對星，喜祿，亦喜百官朝拱。財帛宮主星。
天相	印	南斗第五星。與天府為對星，喜祿，喜吉夾，亦喜百官朝拱。
武曲	財	北斗第六星。財帛宮主星。
七殺	權	南斗第六星。遇紫微化氣為權。
破軍	耗	北斗第七星。喜祿。
貪狼	正桃花	北斗第一星。北斗解厄之神。
廉貞	囚	北斗第五星。又為次桃花。見煞忌化氣為囚。官祿宮主星。
太陽	貴	日生人中天主星。主父、夫（男命主自身）、子。官祿宮主星。
太陰	富	夜生人中天主星。主母、妻（女命主自身）、女。田宅宮主星。
天同	福	南斗第四星。福德宮主星。
天梁	蔭	南斗第二星。主壽。父母宮主星。
天機	善	南斗第三星。兄弟宮主星。
巨門	暗	北斗第二星。主是非口舌。

「化氣」是說法自明代至清代一直有修正，以上是比較常見的定說。當中北斗第幾星、南斗第幾星的說法較不重要，在此只是據傳統臚列出來。

我們說「紫微化氣為尊」，是指紫微星是帝座，有皇帝的尊貴氣派。所以當紫微在最吉利的時候，可以用當權的皇帝來比喻，有權（可以隨口指揮官員策劃與執行軍國大事），有勢（皇宮內有宮女太監照料日常起居飲食玩樂、出外有侍衛儀仗前呼後擁），有財（除非落難皇帝，否則物質享用一定在水準之上）。當紫微最倒霉的時候，則可以用無權的皇帝來比喻，歷史上有戰敗逃亡的皇帝，也有受制於權奸的傀儡皇帝，這樣的皇帝只得一個空銜，物質生活和精神生活都可能甚為痛苦貧乏，比太平盛世的平民百姓也有不如。不過，無論是有權還是無權的皇帝，總會因為身份關係，具有比較「尊貴」的氣質。

紫微和其他十三正曜都可以有吉凶兩面，是如何決定呢？

當中有幾個因素，一是十四正曜之間的配合。例如紫微與天府在一起，就跟紫微與破軍在一起時就不一樣。二是下文會介紹的十四助曜和四化星。

紫微斗數為什麼「難學」？單單要記憶許多資料已經要下苦功，記熟了才談得上理解、消化和應用。

十四正曜又有兩種新的分類法。

第一種是分為「紫府系」和「日月系」。

「紫府系」共八曜，即紫微、天府、天相、武曲、七殺，破軍、貪狼、廉貞。

「日月系」共六曜，即太陽、太陰、天同、天梁、天機、巨門。

第二種是分為「紫陽系」和「府陰系」。

「紫陽系」共六曜，即紫微、廉貞、天同、武曲、太陽、天機。

「府陰系」共八曜，即天府、太陰、貪狼、巨門、天相、天梁、七殺、破軍。

分類的原因和用法在下文會再討論。

十四正曜都有吉凶兩面，但是也有程度上的差別。如紫微、天府一般多吉，只在特殊情況下變壞；七殺、破軍一般多凶，只在特殊情況下變好。但是吉凶也有常例外，不能一概而論。

此外，十四正曜之中，有多組「對星」。凡星對星，性質都有相近、相對應的地方。

天府、天相是一對。可以用皇帝的府庫和印信（玉璽）比喻。

貪狼、廉貞是一對。分別是正副桃花，一貪一廉，都有風花雪月的性質。但是貪狼傾向於物質和理智；廉貞傾向於精神和感情。

太陽、太陰是一對。一陰一陽、一男一女、一富一貴、一動一靜。

天同、天梁也是一對，共四對。一福一蔭（壽），天同傾向感情，天梁傾向理智。

紫微、武曲、七殺、破軍、天機、巨門六正曜都沒有對星。

（二）十四助曜

十四助曜分為兩組，即「六吉祿馬」和「四煞空劫」。

「六吉星」是左輔、右弼；文昌、文曲；天魁、天鉞。「祿馬」是祿存和天馬。這八顆助曜通常是吉星，但也有例外，可以化吉為凶。

「四煞」是火星、鈴星；擎羊、陀羅；合稱「火鈴羊陀」。「空劫」是地空和地劫。有時「四煞」加上「空劫」也可以稱為「六煞」。這六顆助曜通常是凶星，但也有例外，可以轉變得有利。

十四助曜分為七組「對星」。

文昌、文曲（主聰明，利考試、求名）。

左輔、右弼（主助力、人緣）。

天魁、天鉞（主貴人、機遇）。

祿存、天馬（主動，尤其是財動）。

火星、鈴星（主突變）。

擎羊、陀羅（主破壞拖延）。

地空、地劫（主破財、空虛）。

十四正曜加十四助曜，剛好二十八顆。

（三）四化星

四化星是化祿、化權、化科、化忌。簡稱「祿權科忌」。四化星是原來的星曜「轉化」為祿、權、科、忌。四化星按十天干決定那些星曜成為化星。四化星的轉化規律有不同說法，筆者用的一套會在下文再介紹。

十四正曜之中，天相和七殺沒有四化。其餘十二正曜有二個至四個化星。武曲、太陽、太陰、天機四正曜祿、權、科、忌四化齊備。十四助曜之中，只有文昌和文曲都有化科和化忌。二十八正助曜之中，有十四顆參與四化。

化祿星，是轉化為「祿」，祿在此指財祿、也指官祿、爵祿。因此化祿可以利財、利發富；也可以利貴顯。化祿同時增加星曜的感情力量。最壞的化祿常主進財時多阻滯或因財惹禍，又或者因感情惹禍。

化權星，是轉化為「權」，權在此指權力，也有可能令原星曜更穩定，柔弱者增剛強，剛強者可能『過剛則折跙。因此化權星可以利掌權，因而增加貴氣。最壞的化權是行使權力時出問題。

化科星，是轉化為「科」，科在此指科舉的科，即是利考試、利競爭、利求名，也可能令當事人心情愉快。最壞的化科是得到惡名，受誹謗誣陷。

化忌星，是轉化為「忌」，忌有不適宜的意義，即是運滯、挫折等。最好的化忌常是先難後易，或經許多風波挫折才方能有成。

化祿、化權、化科又合稱三吉化。

但是四化星同樣有吉凶兩面，亦不能一概而論。

（四）雜曜

筆者重新整理八十雜曜，再加十四正曜、十四助曜（四化不算），合共一百零八曜。

雜曜相對沒有那麼重要，但是個別雜曜與特定正曜、助曜更能配合，那時就大幅可以加強力量。基本資料很多，下文再談。

第三章　乾隆帝斗數命盤簡介

第一節　西洋占星、七政四餘到紫微斗數

中國的「星占」起源甚早，今天我們讀傳統小說，仍然常有奇人異士「夜觀天象」的故事。但是以天象預測人生祿命（潘按：祿在此解作祿元，即壽命，命在此解作命運），最早只能追溯到大約唐代由西域傳入中國的占星術（astrology），經過加入中國天文學的元素之後，便成為「七政四餘」之學。現時西洋占星仍然在世界各地流行，中國的「七政四餘」已見式微，被其他後起的算命術取代，如子平和紫微斗數等。

今天小學生都知道一年約為三百六十五又四分之一日，先民要經年累月觀測才知道這個約數。古人不知地球繞日而轉，只知太陽在天上走一圈就是寒暑一度，就是一年。因為大約是三百六十天，所以古人將一個圓周分成三百六十度，那麼太陽在天上大約每天移動一度。

現時西洋占星仍然用圓盤，以法皇拿破崙一世（Napoleon Bonaparte，一七六九至一八二一）的占星圖（顯示出生時各星體在黃道十二宮的位置）為例，星體的位置還標明在某宮的第幾度幾分。周天三百六十度，黃道十二宮每宮三十度，圖中最下方的月亮，就約在磨蠍宮第二十八度半。

中國的七政四餘則有改良，最初沿用圓圖，後來改為十二邊形圖。如明孝宗（一四七零至一五零五）的星圖（錄自《文武星案（上）》頁四八，心一堂出版）。每宮的三十度改為三行各十格，共三十格，每格代表一度，以方便術家填寫星體在各宮之中的度數。後來，十二邊形圖再改良為十二方圖，近似今天紫微斗數統一使用的方盤了。

拿破崙星盤

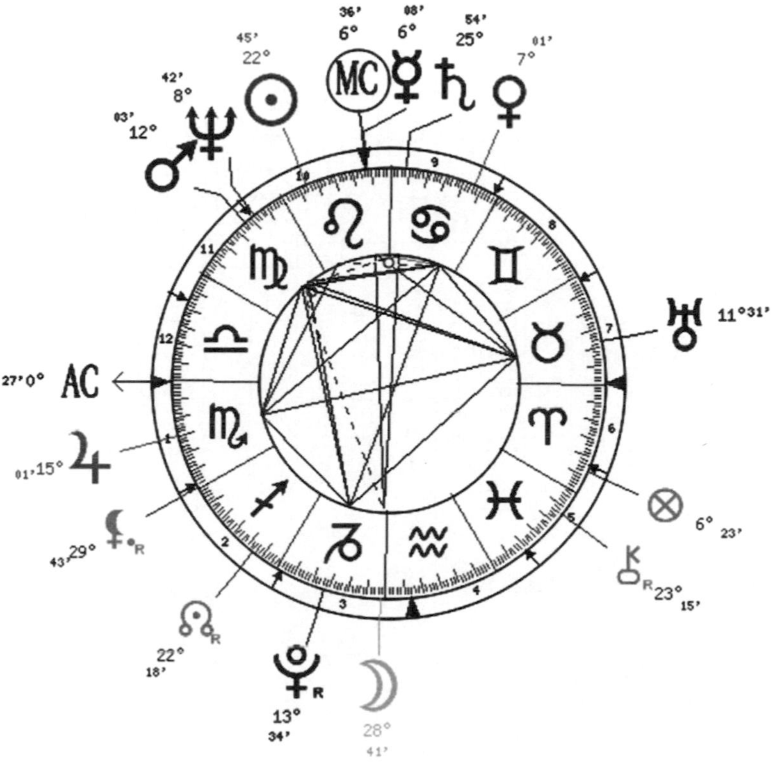

喜格

日月合璧
四餘獨步
官恩守命
五曜得經
陰陽升殿

忌格

陰陽無輔
七政背行

弘治

七月初三日成化六年生

庚寅
甲申
己卯
甲子

乾造夜生

戊申年登基
在位十八年
三十七歲
丙寅年崩

經證

日月合璧龍樓鳳閣之人鸞輿南幸人主之尊

年限

戊申年奎木之度宮度兩強丙寅危月度日既無光月光安在

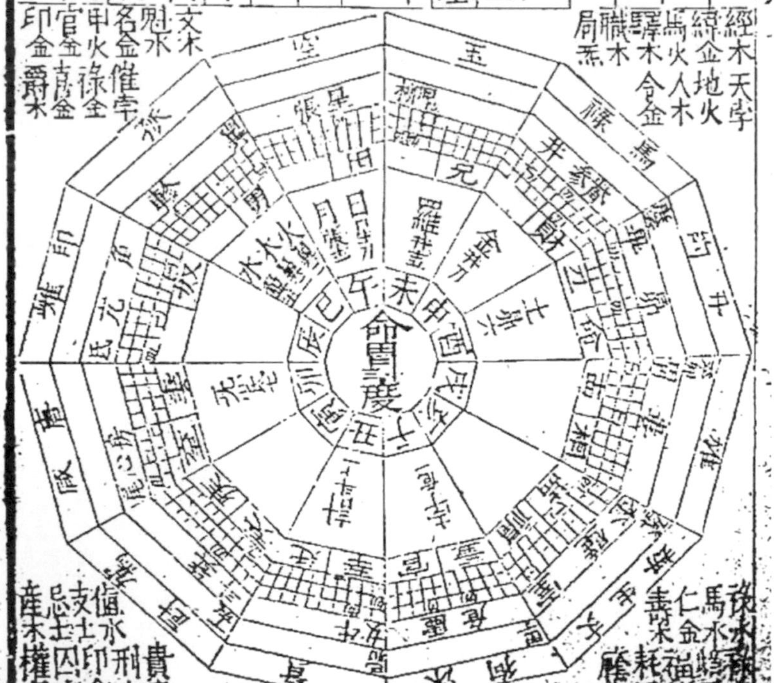

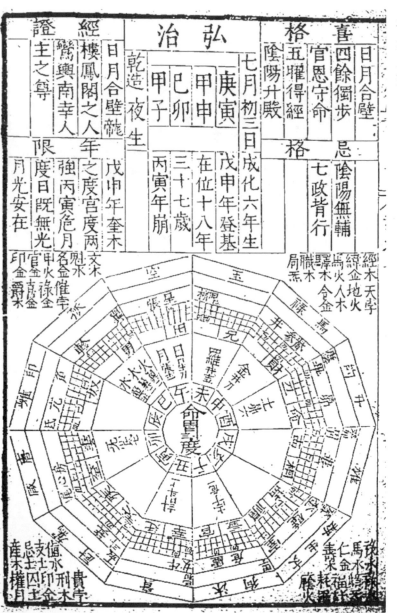

紫微斗數的星盤還進一步變化。因為紫微斗數不用實星，所以不必紀錄每顆星在黃道十二宮的位置。原本每宮共三十度，變成每宮都等於一點，凡在宮內的「星」都是相同位置。在紫微斗數我們只談各星落在何宮，不必理會幾多度。於是星盤再簡化為方盤，就是上文第一章提及的「十二地支方盤」。

現以清高宗乾隆帝（愛新覺羅·弘曆，一七一一至一七九九）的斗數命盤為例（命盤見本書〈附錄二〉），簡介一下斗數盤包含的資訊。只要有當事人的出生資料（出生年、月、日、時），即可以按紫微斗數的佈星法則，起出星盤，起盤法在下一章介紹。

清高宗乾隆帝斗數命盤

<table>
<tr>
<td>天馬
天府
蜚廉 孤辰 天福
截空 ㊉ 破碎
癸巳 財帛宮 46-55 絕
歲驛 喪門 將軍</td>
<td>天魁
太陰 天同
天喜 台輔
天廚 旬空
甲午 子女宮 36-45 墓
息神 貫索 小耗</td>
<td>貪狼 武曲
天月 鳳閣 龍池
華蓋 年解 旬空
乙未 夫妻宮 26-25 死
華蓋 官符 青龍</td>
<td>▲陀羅
巨門 太陽
㊗祿 ㊗權
大耗 天姚
月德 劫煞
丙申 兄弟宮 16-25 病
劫煞 小耗 力士</td>
</tr>
<tr>
<td>文曲 ㊉科
天府
天空 天刑
天傷 截空
壬辰 疾厄宮 56-65 胎
攀鞍 晦氣 奏書</td>
<td colspan="2" rowspan="2">陰男
辛卯年八月十三日子時
一七一一
清高宗乾隆帝
命主：文曲
身主：天同
火六局</td>
<td>祿存 ▲火星
天相
天虛 恩光 天官
丁酉 命宮 身宮 6-15 衰
災煞 歲破 博士</td>
</tr>
<tr>
<td>右弼
破軍 廉貞
天哭 天貴 八座
辛卯 遷移宮 66-75 養
將星 太歲 蜚廉</td>
<td>文昌 忌
▲擎羊 ▲鈴星
天梁 天機
龍德
戊戌 父母宮 帝旺
天煞 龍德 官符</td>
</tr>
<tr>
<td>天鉞
天使 月解 封誥
丙寅 友屬宮 76-85 生長
亡神 病符 喜神</td>
<td>寡宿
辛丑 事業宮 86-95 浴沐
月煞 吊客 病符</td>
<td>紅鸞 天壽 天才
天德 陰煞 咸池
庚子 田宅宮 冠帶
咸池 天德 大耗</td>
<td>左輔 地劫 地空
七殺 紫微
天巫 三台
己亥 福德宮 臨官
指背 白虎 伏兵</td>
</tr>
</table>

先看命盤中央。

陰男 辛卯年八月十三日子時 一七一一 清高宗乾隆帝 命主：文曲 身主：天同 火六局

乾隆帝生於公元一七一一年九月二十五日，換算為中國夏曆辛卯年八月十三日子時（年用干支，月日用夏曆），辛卯年干支皆陰，當事人是男性，因此是「陰男」。按出生年和性別，還可以有「陽男」、「陽女」和「陰女」。

「命主」和「身主」都按出生年支決定，有些斗數家非常重視命主身主，亦有人認為可以用來看風水，筆者則甚少用命主身主。

另外，乾隆帝的命屬「火六局」，即是虛齡六歲起運。斗數以十年為一大運。還有水二局、木三局、金四局、土五局等。

乾隆帝斗數命盤的命宮在酉宮。現在先從命宮了解一下十二宮的基本資訊：

為方便檢視命盤，將所有陰宮（丑卯巳未酉亥）加淡灰底色，以資識別。每個宮位的上方正中放「十四正曜」，左上方放「十四助曜」，右上方放「四十雜曜」，右下方放「博士十二星」、「歲前十二星」和「將前十二星」等三系流曜。一般情況下，我們以「正曜」和「助曜」為先，雜曜和流曜暫時置之不論，只在有特殊組合時才會特別強調某顆雜曜。於是我們會形容酉宮的星曜組合是「天相與祿存火星同宮」。

乾隆帝斗數命盤中的西宮

天官 恩光 天虛	天相	祿存 ▲火星
博士 歲破 災煞	6-15 衰	身宮 命宮 丁酉

西宮的右下方寫了本宮的干支（丁酉），還標示了「命宮」和「身宮」。當中宮干丁只在「大運」時有用。這個命盤「命宮」和「身宮」剛好同宮。據紫微斗數的術語，乾隆帝「命宮天相在酉宮」的格局。

西宮的正下方有「六至十五」和「長生十二神」中的「衰」。這個西宮除了是當事人一生的「命宮」之外，還是「丁酉大運」的「大運命宮」，這個大運管六歲至十五歲共十年。

然後，再看看辰宮：

乾隆帝斗數命盤中的辰宮

壬辰 疾厄宮 56-65 胎 文曲㊌ 攀鞍 晦氣 奏書 天空 天傷 天刑 截空

這個辰宮並無「正曜」，只有一顆助曜「文曲」，這顆文曲在辛年化為科星，稱為「文曲化科」，命盤上的四化星都用一個個圓圈表示。

這個辰宮既是乾隆帝一生的「疾厄宮」，也是「五十六至六十五」這十年「壬辰大運」的命宮。因為辰宮沒有正曜，要借對宮「戌宮」的正曜、助曜和借曜入辰宮，這在斗數術語叫「借星安宮」。

乾隆帝斗數命盤中的戌宮

文昌	▲擎羊	▲鈴星	天梁 天機	龍德
戊戌	父母宮	帝旺	天煞	龍德 官符

戌宮是本命的父母宮，有兩顆正曜，巨門化祿、太陽化權；助曜則有文昌化忌、擎羊和鈴星。辰宮無正曜要借戌宮的正曜和助曜，於是辰宮便變成正曜有天機、天梁；助曜有文曲化科、文昌化忌、擎羊和鈴星了。

第二節　十二宮與三方四正

算紫微斗數還不止這麼簡單，上文第一章介紹過十二地支的分類，現在可以派上用場了。

先談十二宮。

西洋占星和七政四餘都講十二宮。紫微斗數的十二宮另有規律，根據出生資料起了命宮之後，就可以順佈十二宮。乾隆帝命宮在酉，然後由戌宮開始，佈父母宮（舊稱相貌宮），福德宮，田宅宮，事業宮（舊稱官祿宮），友屬宮（舊稱奴僕宮、交友宮），遷移宮，疾厄宮，財帛宮，子女宮，夫妻宮和兄弟宮。

十二宮又可分兩組。

一是「命身宮群」，包括命宮、福德宮、事業宮、遷移宮、財帛宮和夫妻宮，身宮只能夠是這六宮之一，故名。

一是「六親宮群」，包括父母宮、田宅宮、友屬宮、疾厄宮、子女宮和兄弟宮。這六個宮位都不能成為身宮。

兩個宮群陰陽不同。如「命身宮群」在陽宮，「六親宮群」就在陰宮；反之，「命身宮群」在陰宮，「六親宮群」就在陽宮。

十二宮的意義下文會再深入討論，現在先談怎樣看一個宮位。

要評價一個命盤的命宮，不能光看本宮，還要看「六衝宮」和「三合宮」。其次，可能要看「夾宮」和「六合宮」。

乾隆帝的命宮在酉宮，酉與卯衝，再加巳酉丑三合。斗數的術語叫「三方四正」。酉宮前一宮是戌宮，後一宮是申宮，即是被申宮和戌宮夾住。有些正曜重視夾宮，有些不重視。天相是特別重視夾宮的正曜。酉宮的六合宮是辰宮，六合關係最不重要。

撇開雜曜不談，現總結一下影響到乾隆帝命宮的星曜組合。

（一）命宮本宮酉宮的天相，祿存和火星。

（二）對宮卯宮（遷移宮），廉貞、破軍；加右弼。

（三）三合宮丑宮（事業宮），本宮無正曜，借對宮未宮（夫妻宮），武曲、貪狼。

（四）三合宮巳宮（財帛宮），天府，加天馬。

（五）夾宮。戌宮（父母宮），天梁、天機，加文昌化忌，擎羊，鈴星。申宮（兄弟宮），太陽化權，巨門化祿，加陀羅。

如果以宮位論，命宮受對宮遷移宮，三合宮事業宮、財帛宮，以及夾宮父母宮和兄弟宮各宮星曜的影響！

實情是命盤的十二宮都要看三方四正，大運流年的十二宮同樣要看三方四正，聯合起來就非常複雜了。

這就是紫微斗數難學的原因。

酉宮安命

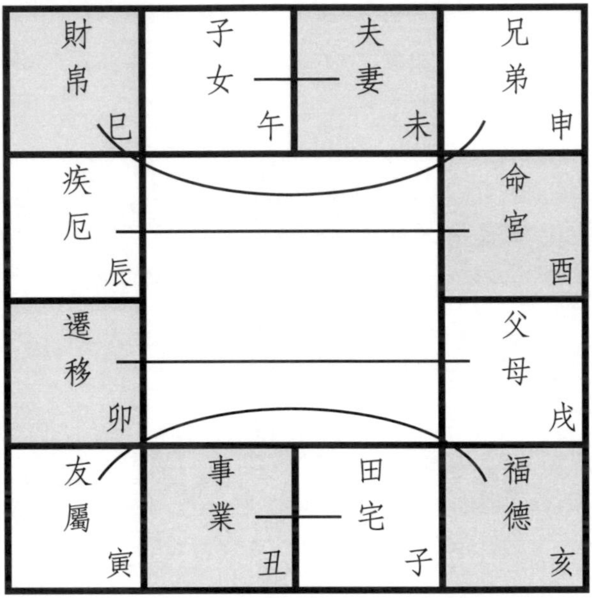

命宮對遷移宮、田宅宮對子女命

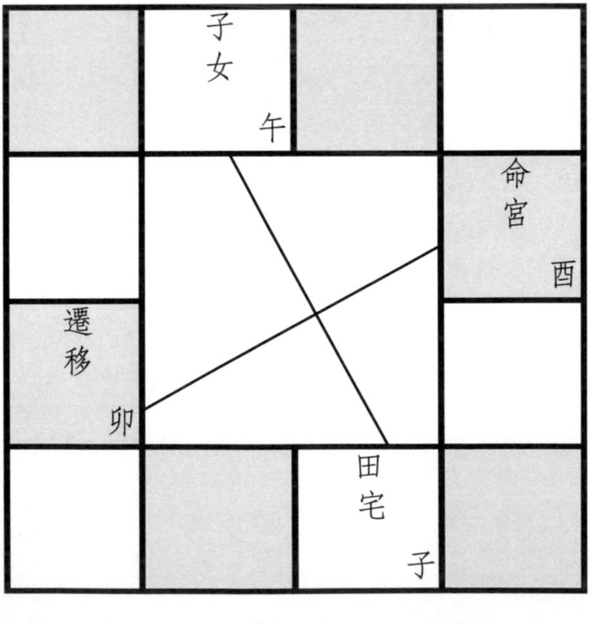

事業宮對夫妻宮、父宮對疾厄宮

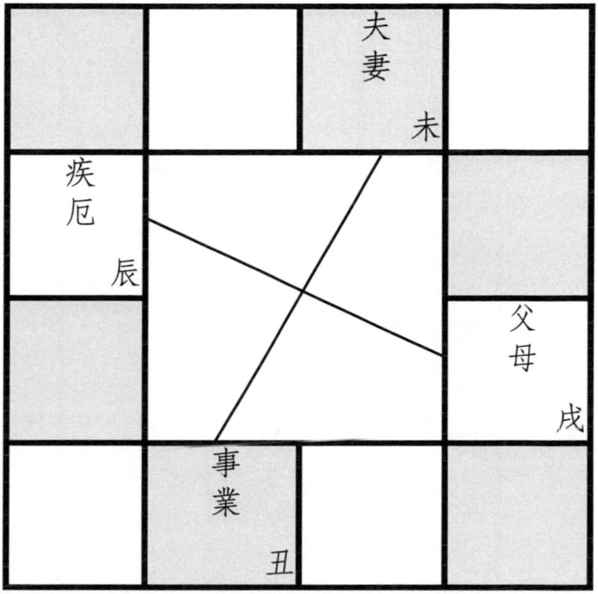

福德宮對財帛宮、友屬宮對兄弟宮

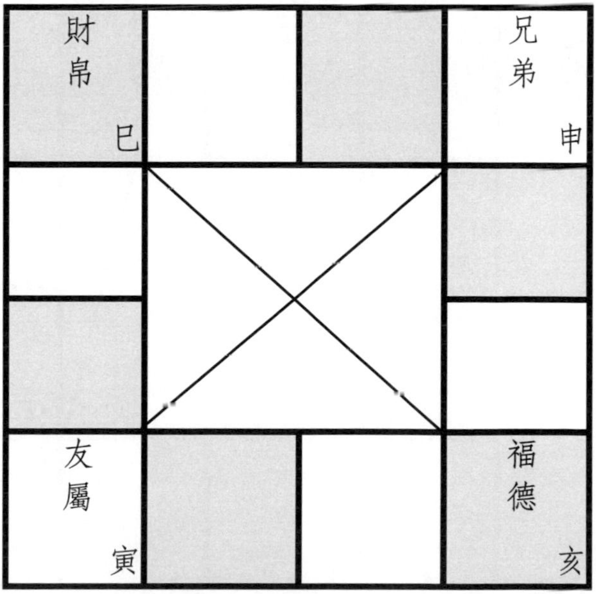

命宮、事業宮、財帛宮三合會照

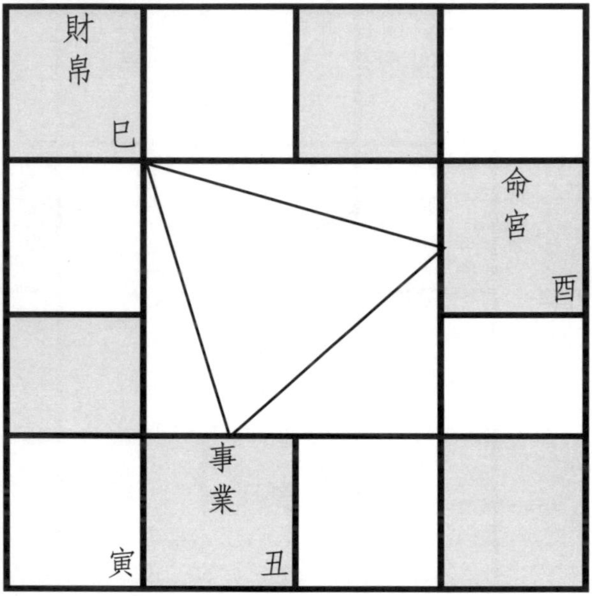

福德宮、遷移宮、夫妻宮三合會照

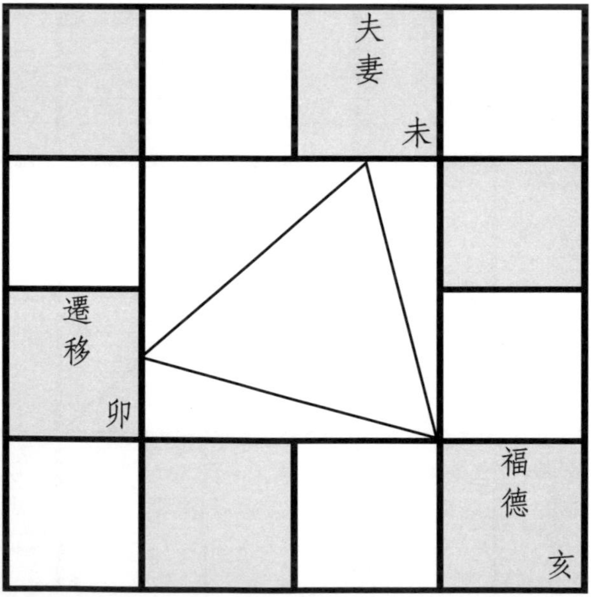

父母宮、友屬宮、子女宮三合會照

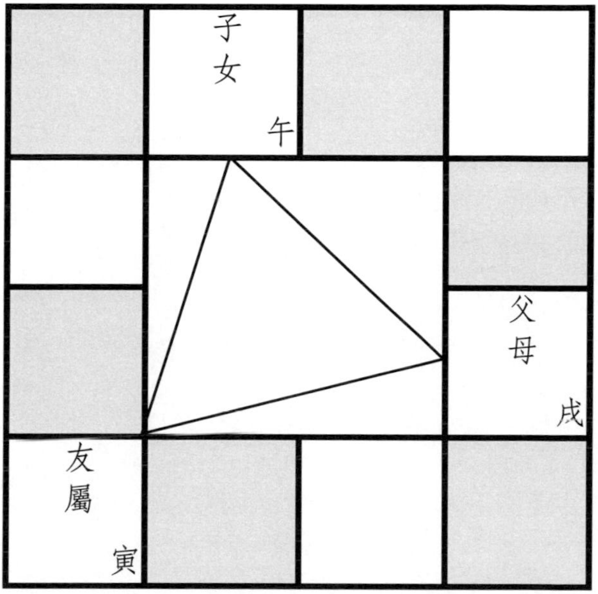

田宅宮、疾厄宮、兄弟宮三合會照

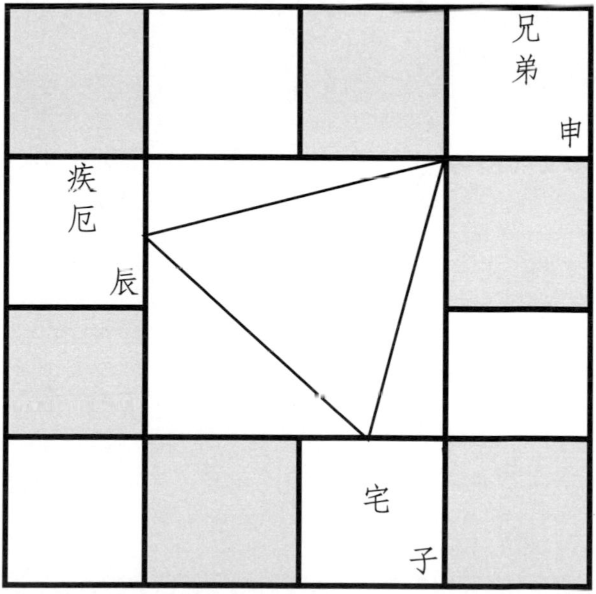

第三節　乾隆帝的斗數命格

筆者特意挑選乾隆的命造作為範例，因為他是中國近五百年來權位最高、福澤最厚的第一人。二十五歲時父親雍正帝駕崩，登基為帝，下一年改元乾隆，做了六十年太平天子，然後再當四年太上皇，到嘉慶四年才駕崩。一世享盡榮華富貴，他的斗數盤當然很有研究價值。

斗數跟子平等算命術數一樣，不是萬能，會算斗數（或會算子平）的人也不是神仙，拿起一個命造，無人能夠一眼看得出這是「帝皇命」，畢竟帝皇也有很多種。

乾隆的命格是天相在酉宮安命，絕大多數斗數經典都說「天相在卯酉宮」是「弱宮」（強宮弱宮是斗數常用術語，在這裡弱宮指難成大格局的結構），怎麼中國近五百年來富貴雙全的至尊究然是這在命宮在「弱宮」的命格呢？

皇帝命有什麼特徵？

皇帝最起碼有兩種，一是開基創業之主，一是繼承家族帝位的幸運兒。

中國有數千年歷史記錄，只有漢高祖劉邦（公元前二五六至前一九五）和明太祖朱元璋（一三二八至一三九八）兩人由平民白手創業而為開國之君，其他各朝開國之君都有父蔭，出身貴顯的家庭。不是開國之君的皇帝都出身帝皇家，然後才有資格繼承皇位。

乾隆的父母宮在戌宮，正曜是天機、天梁。對宮辰宮（疾厄宮）無正曜。會照午宮（子女宮）的天同、太陰；寅宮（友屬宮）也無正曜，要借申宮（兄弟宮）的太陽化權、巨門化祿。結果是這個父母宮見齊天機天梁、天同太陰和太陽巨門等六顆正曜，吉的助曜有文昌化忌文曲化科、天魁天鉞，凶的助曜有擎羊、鈴星和陀羅。祿權科忌四化齊會。

這樣吉凶交集的組合，可以推論當事人父母貴顯（祿權科三吉化加昌曲魁鉞對星）而得庇蔭（正曜有天梁），但有刑剋（三煞會照和化忌）。

實情是乾隆二十五歲喪父，繼位為帝，在第二個大運（丙申大運）的最後一年。

此外，古人子女較今人為多，富貴家庭尤甚。乾隆不是長子，他要能繼承皇位，兄弟便有刑剋。他的兄弟宮在申宮，太陽化權、巨門化祿。因所會子宮（田宅宮）

和辰宮（疾厄宮）都無正曜，要借天同太陰和天機天梁兩組星。結合起來，也是祿權科忌四化齊會，又有昌曲、魁鉞和三煞。於是兄弟多貴顯而有刑剋。總計乾隆有四兄，弘暉、弘昐、弘昀都未成年而夭折，弘時則成年後因得罪父親雍正帝而被賜死。弟弟弘晝、弘瞻都封王。另再有三弟夭折。

然後再看命格。

傳統認為「天相在卯酉宮」是弱宮，可說是「然而未盡然」。其實天相獨坐已經特別容易受其他正曜影響，包括三方四正和兩鄰的宮位。在這個宮位會上對宮遷移宮的廉貞破軍，財帛宮的天府和事業宮借會的武曲貪狼共六正曜，再加被太陽巨門和天機天梁所夾，總計是十正曜的結合。因為借星安宮的關係，這顆天相會上祿存天馬對星，再加貴吉雜曜對星有龍池鳳閣、天官天福、恩光天貴，共是四對「百宮朝拱」。巨門化祿和天梁在兩鄰宮相夾，又構成「財蔭夾印」的吉格。因此可以推算這個命盤是富貴雙全的格局。

總計清代有三位掌實權而有為的帝皇（皇太極、雍正、乾隆）是「天相在卯酉」

的「弱宮」守命，因此可以修正古人的說法。（見本書〈附錄〉）。

乾隆的命盤還是命身同宮（皇太極和雍正的身宮是武曲貪狼），因此是更純粹的天相坐命本質（遇吉則吉、遇凶則凶，也可說是沒有性格）。碰上福德宮紫微七殺會左輔右弼（主福澤極佳），難怪生平一帆風順，功業和壽元都勝父親與高祖了！

紫微是帝座，天相在卯宮共受十正曜影響，故可命名為「帝統十全格」。

第四章　起命盤

第一節　安星前的準備

學習紫微斗數的第一步，是掌握人手起盤的方法。

近年中文電腦越趨方便，有大量紫微斗數排盤軟件程式可用。如果貪方便而一味倚賴電腦，那就很難入門，更遑論進階登堂入室了。

起盤只需要當事人的出生年月日時（性別、生年年干、生年年支、生月、生日、生時）、一張紙、一枝筆。

先準備空白的「十二地支方盤」，讀者可以參考本書的範本自行設計，或到心一堂出版社的網站下載（http://publish.sunyata.cc/）。

空白斗數盤

<table>
<tr><td>巳</td><td>午</td><td>未</td><td>申</td></tr>
<tr><td>辰</td><td colspan="2" rowspan="2">年
月
日
時
局
命主：
身主：</td><td>酉</td></tr>
<tr><td>卯</td><td>戌</td></tr>
<tr><td>寅</td><td>丑</td><td>子</td><td>亥</td></tr>
</table>

此下，以宋代大文豪蘇軾（一零三七至一一零一）的命造為例，逐步講解起紫微斗數命盤的步驟。蘇軾，字子瞻，號東坡，以號行，中國數千年文學藝術史上罕見的全才，堪稱中國近千年來最著名的作家。

（一）出生年月日時與性別

蘇軾生於公曆一零三七年一月八日卯時（早上五時至七時），原本一零三七年對應丁丑年（如用第一章的附表，一九九七年歲次為丁丑，剛好隔了九百六十年，共十六個「甲子」），但是未過大年初一，所以仍在丙子年年底。換算成夏曆丙子年十二月十九日卯時。

丙子年陽干陽支，所以蘇軾是「陽男」（比較乾隆帝辛卯年生，是「陰男」）。

（二）十二宮宮干

十二宮的宮干，由出生年的天干決定。

乾隆帝是辛年生人，蘇軾是丙年生人，剛好相同，參考第一章的「五虎遁月表」：

年干／月	丙辛
正月	庚寅
二月	辛卯
三月	壬辰
四月	癸巳
五月	甲午
六月	乙未
七月	丙申
八月	丁酉
九月	戊戌
十月	己亥
十一	庚子
十二	辛丑

依次在寅宮填庚、卯宮填辛，餘此類推。正月和十一月天干相同，即是寅宮和子宮天干相同。二月和十二月天干也相同，即是卯宮和丑宮天干也相同。十二宮的干支，正正是當事人出生年十二個月份的干支。

（三）命主身主

紫微斗數中「命主」和「身主」的用法，歷來都沒有統一的說法。有人認為可人用來看風水，筆者則一般少用命主、身主，只視之為星曜力量加強，即是吉凶更明顯。

現在仍依傳統介紹二主的起例。二主按出生年的年支決定，可列為一表：

年支	命主	身主
子	貪狼	鈴星
丑	巨門	天相
寅	祿存	天梁
卯	文曲	天同
辰	廉貞	文昌
巳	武曲	天機
午	破軍	火星
未	武曲	天相
申	廉貞	天梁
酉	文曲	天同
戌	祿存	文昌
亥	巨門	天機

乾隆帝在辛卯年生，命主文曲，身主天同。
蘇軾在丙子年生，命主貪狼，身主鈴星。

潘按：十四正曜之中，紫微、天府、七殺、太陽、太陰共五曜不作命主、身主。十四助曜之中，文昌、文曲、火星、鈴星可作命主或身主。

明刊孤本《紫微斗數捷覽》（心一堂已刊行，並附點校本合刊）載兩則口訣。

安命主訣：

子屬貪狼丑亥門，寅戌生人屬祿存。
卯酉屬文巳未武，辰申廉宿午破軍。

命主只限七曜。當中「門」是巨門，「文」是文曲，「武」是武曲，「廉宿」是廉貞。

安身主訣：

子午生人鈴火宿，丑未天相寅申梁。
卯酉天同身主是，巳亥天機辰戌昌。

身主只限七曜。訣中鈴星、火星、天梁、文昌都用了簡稱。

民國時代有前輩斗數名家將兩訣合併，首見於陸斌兆《紫微斗數講義》，訣云：

子是狼搖鈴。（貪狼、鈴星）
丑宮巨相尋。（巨門、天相）
寅木祿逢梁。（祿存、天梁）
卯酉曲同星。（文曲、天同）
辰土廉與昌。（廉貞、文昌）
巳年武機臨。（武曲、天機）
午逢破火真。（破軍、火星）
未土武相親。（武曲、天相）
申位貞與梁。（廉貞、天梁）
戌年祿昌侵。（祿存、文昌）
亥宮門機星。（巨門、天機）
此是命身主。
字字須認清。

歷代更新口訣，證明紫微斗數不斷發展。

上例將起命主和身主的口訣合併嘗試，似乎不甚成功，新的口訣反而更麻煩、更難記憶。

其實安命主和身主各有規律。命主按「北斗七星」排列：，身主則全是南斗星。還是兩訣分開為佳，這時「圖像思維」就可以派上用場了！

安命主的辨法其實用上了北斗七星的次序，即：貪（狼）、巨（門）、祿（存）、文（曲）、廉（貞）、武（曲）、破（軍）。子年命主是貪狼，如果借用十二地支方盤，由子宮順數丑、寅等宮至午宮，就是七星的次序。另一方面，逆順亥、戌等宮，也是至午宮為破軍。

至於身主，由子年起至巳年，次序是：鈴（星）、（天）相、（天）梁、（天）同、（文）昌、（天）機。至於午年至亥年，只需改鈴星為火星就可以了，其餘次序一樣。

按出生年支起命主

武曲 巳	破軍 午	武曲 未	廉貞 申
廉貞 辰			文曲 酉
文曲 卯			祿存 戌
祿存 寅	巨門 丑	貪狼 子	巨門 亥

按出生年支起身主

天機 巳	火星 午	天相 未	天梁 申
文昌 辰			天同 酉
天同 卯			文昌 戌
天梁 寅	天相 丑	鈴星 子	天機 亥

借助了「圖像思維」之後，起命主、身主兩訣可以簡化為：

貪巨祿文廉武破，

鈴（火）相梁同昌機。

第二節　安十二宮

紫微斗數論命，以命宮為最重要。命宮決定了當事人命格的高下，其餘十一宮的吉凶優劣，都要與命宮合參，才談得上準確。

身宮則能輔助命宮，一般的說法是命宮主先天本質，身宮主後天發展。命宮和身宮，由當事人的生月和生時決定。明本《紫微斗數捷覽》載有七言四句的口訣：

斗柄建寅正月起，數至生月起時辰。
子時數到生時止，逆回安命順安身。

貪、巨、祿、文、廉、武、破作為北斗之星的名稱，不是源於中國而源於印度，經由佛教傳入中國。古人稱七斗七星為天樞，天璇，天璣，天權，玉衡，開陽，瑤光。前四曜為「斗魁」，後三曜為「斗杓」又名「斗柄」。北斗的「斗」指盛載液體的容器，古天文學家將天上的北斗七星依次用直線連結，前四星的形狀似一個中空的斗，後三星則是斗的手柄。

中國古籍《鶡冠子》記載：「斗杓東指，天下皆春；斗杓南指，天下皆夏；斗杓西指，天下皆秋；斗杓北指，天下皆冬。」說明在二千年前，當斗柄指向東方時，就是一年中的春天。

口訣中的「斗柄建寅」，就是指北斗的斗柄指向東方，標示「建寅之月」。不過斗數用「朔望月」，斗數講的「寅月」，實指「正月」。

起命宮的辦法是在寅宮起正月，順數至生月，再逆數至生時；身宮也是從寅宮起正月，順數至生月，再順故數至生時。

乾隆帝是八月子時生。寅宮起正月，然後卯、辰、巳、午、未、申、酉，八月數至酉宮。再由酉宮數生時，因在子時出生，命身宮都在酉宮。

蘇軾是十二月卯時生，寅宮起正月，十二月是丑宮。逆數子丑寅卯，命宮在戌宮；順數子丑寅卯，身宮在辰宮。

起命宮的辦法可到成一表：

起命宮表（生月、生時）

生時＼生月	正	二	三	四	五	六	七	八	九	十	十一	十二
子	寅	卯	辰	巳	午	未	申	酉	戌	亥	子	丑
丑	丑	寅	卯	辰	巳	午	未	申	酉	戌	亥	子
寅	子	丑	寅	卯	辰	巳	午	未	申	酉	戌	亥
卯	亥	子	丑	寅	卯	辰	巳	午	未	申	酉	戌
辰	戌	亥	子	丑	寅	卯	辰	巳	午	未	申	酉
巳	酉	戌	亥	子	丑	寅	卯	辰	巳	午	未	申
午	申	酉	戌	亥	子	丑	寅	卯	辰	巳	午	未
未	未	申	酉	戌	亥	子	丑	寅	卯	辰	巳	午
申	午	未	申	酉	戌	亥	子	丑	寅	卯	辰	巳
酉	巳	午	未	申	酉	戌	亥	子	丑	寅	卯	辰
戌	辰	巳	午	未	申	酉	戌	亥	子	丑	寅	卯
亥	卯	辰	巳	午	未	申	酉	戌	亥	子	丑	寅

表中可見，凡陽月陽時、陰月陰時生，命宮都在陽宮；凡是陽月陰時、陰月陽時生，命宮都在陽宮。查表為幫助初學者用，如果想真正學會紫微斗數，能夠學以致用，讀者應該用功，務求儘早脫離倚賴表格幫助記憶。

如果了解中國曆法在術數中的應用，知道「正月建寅」，可以用筆者簡化的口訣：

正月建寅順流行，
逆時安命順立身。

還有再簡化的口訣：

順月逆時安命。
順月順時立身。

其餘十一宮都由命宮決定，順佈父母宮、福德宮等。
乾隆帝命宮在酉，父母宮在戌，福德宮在亥，餘此類推，至兄弟宮在申。
蘇軾命宮在戌，父母宮在亥，福德宮在子，餘此類推，至兄弟宮在酉。

命宮順佈十二宮

命宮	父母	福德	田宅	事業	友屬	遷移	疾厄	財帛	子女	夫妻	兄弟
子	丑	寅	卯	辰	巳	午	未	申	酉	戌	亥
丑	寅	卯	辰	巳	午	未	申	酉	戌	亥	子
寅	卯	辰	巳	午	未	申	酉	戌	亥	子	丑
卯	辰	巳	午	未	申	酉	戌	亥	子	丑	寅
辰	巳	午	未	申	酉	戌	亥	子	丑	寅	卯
巳	午	未	申	酉	戌	亥	子	丑	寅	卯	辰
午	未	申	酉	戌	亥	子	丑	寅	卯	辰	巳
未	申	酉	戌	亥	子	丑	寅	卯	辰	巳	午
申	酉	戌	亥	子	丑	寅	卯	辰	巳	午	未
酉	戌	亥	子	丑	寅	卯	辰	巳	午	未	申
戌	亥	子	丑	寅	卯	辰	巳	午	未	申	酉
亥	子	丑	寅	卯	辰	巳	午	未	申	酉	戌

起身宮還有另一個捷訣，就是子時命身同宮，然後身宮順時跳一宮，丑時以福德宮為身宮，寅時以事業宮為身宮，餘此類推，至午時再次命身同宮，直至亥時以夫妻宮為身宮。

起身宮（命宮、生時）

生時	身宮
子	命宮
丑	福德
寅	事業
卯	遷移
辰	財帛
巳	夫妻
午	命宮
未	福德
申	事業
酉	遷移
戌	財帛
亥	夫妻

因為身宮必定是命宮、福德宮、事業宮、遷移宮、財帛宮和夫妻宮等六宮之一，故此筆者定名為「命身宮群」。

如果命宮凶而身宮吉，或者命宮吉而身宮凶，當事人應該以身宮在何宮位決定怎樣趨吉避凶。

例如命宮劣，身宮在夫妻宮而遠勝於命宮，當事人就應該尋求配偶的助力，以改善運程，不應抱所謂「獨身主義」而選擇不成家。不成家就浪費了夫妻宮的好處。

又如命宮吉而遷移宮凶，當事人就不應離開出生地發展，以免破壞原來的好運。以香港為例，自上世紀八十年代中葉起，大量香港人選擇移民外國，有人樂不思蜀，也有許多「移民血淚」的故事。古人重土輕遷，俗語有謂：「物離鄉貴，人離鄉賤。」皆因人若離開出生地發展，許多環境和人際網絡都要大幅變動，可能要從頭做起。不過現代交通便利、資訊流通，移民的風險不及前代。今時今日「遷移」可以不必動身，因此遷移宮也可以反映當事人與外地的聯繫。例如外貿交易或代理外國產品是否順利，都可以從遷移宮推算。現代甚至在互聯網上的虛擬世界與遠方人交際往來亦然。

第三節　五行局

紫微斗數論命，將人的一生分為多個大運，一個大運管十年。幾多歲起運，由五行局決定。

乾隆帝的命格屬火六局，六歲起運。第一個大運管六至十五歲的十年，第二個大運管十六至廿五歲，餘此類推。

五行局以五行命名，分別是：

水二局
木三局
金四局
土五局
火六局

五行局由命宮干支的「納音」決定，納音所屬的五行，跟相關天干地支的五行並沒有必然的關係。

以下是「六十甲子納音歌」：

甲子乙丑海中金。
丙寅丁卯爐中火。
戊辰己巳大林木。
庚午辛未路旁土。
壬申癸酉劍峰金。
甲戌乙亥山頭火。
丙子丁丑澗下水。
戊寅己卯城頭土。
庚辰辛巳白蠟金。
壬午癸未楊柳木。

甲申乙酉泉中水。
丙戌丁亥屋上土。
戊子己丑霹靂火。
庚寅辛卯松柏木。
壬辰癸巳長流水。
甲午乙未沙中金。
丙申丁酉山下火。
戊戌己亥平地木。
庚子辛丑壁上土。
壬寅癸卯金箔金。
甲辰乙巳覆燈火。
丙午丁未天河水。
戊申己酉大驛土。
庚戌辛亥釵釧金。

壬子癸丑桑拓木。
甲寅乙卯大溪水。
丙辰丁巳沙中土。
戊午己未天上火。
庚申辛酉石榴木。
壬戌癸亥大海水。

甲己年生人命宮五行局

木三 己巳	土五 庚午	土五 辛未	土五 壬申
木三 戊辰			金四 癸酉
火六 丁卯			火六 甲戌
火六 丙寅	水二 丁丑	水二 丙子	火六 乙亥

乙庚年生人命宮五行局

金四 辛巳	木三 壬午	木三 癸未	水二 甲申
金四 庚辰			水二 乙酉
土五 己卯			土五 丙戌
土五 戊寅	火六 己丑	火六 戊子	土五 丁亥

丙辛年生人命宮五行局

水二 癸巳	金四 甲午	金四 乙未	火六 丙申
水二 壬辰			火六 丁酉
木三 辛卯			木三 戊戌
木三 庚寅	土五 辛丑	土五 庚子	木三 己亥

丁壬年生人命宮五行局

火六 乙巳	水二 丙午	水二 丁未	土五 戊申
火六 甲辰			土五 己酉
金四 癸卯			金四 庚戌
金四 壬寅	木三 癸丑	木三 壬子	金四 辛亥

戊癸年生人命宮五行局

土五 丁巳	火六 戊午	火六 己未	木三 庚申
土五 丙辰			木三 辛酉
水二 乙卯			水二 壬戌
水二 甲寅	金四 乙丑	金四 甲子	水二 癸亥

乾隆帝命宮干支是丁酉，「丙申丁酉山下火」，他的命格屬「火六局」。
蘇軾命宮干支是戊戌，「戊戌己亥平地木」，他的命格屬「木三局」。
納音在紫微斗數只用作決定五行局，但是在其他術數有更深層次的用法。
以金為例，分別有海中金、劍鋒金、白臘金、沙中金、金箔金和釵釧金之別。
民國時代子平家張巢雲在《命學採驪集》（心一堂已重刊出版）中用兩字考語來形容六種不同的金：

「海中金」代表「沉潛」。
「劍鋒金」代表「鋒銳」。
「白蠟金」代表「滿發」。
「沙中金」代表「質隱」。
「金箔金」代表「柔弱」。
「釵釧金」代表「羸質」。

這些差別在算紫微斗數時無需考慮，僅供讀者參考，以添趣味。「海中金」未經提煉，不能供人使用，故此是「沉潛」的金。「劍鋒金」則是鑄煉成利器的金，劍鋒鋒銳可用。其餘顧名可以思義，不贅論。

前賢因應納音在紫微斗數的應用，重新設計歌訣，先將六十花甲納音重新整理，不依六十花甲次序，以天干配地支的規律列為下表：

六十納音簡表（一）

宮支＼宮干	甲乙	丙丁	戊己	庚辛	壬癸
子丑	金四	水二	火六	土五	木三
寅卯	水二	火六	土五	木三	金四
辰巳	火六	土五	木三	金四	水二
午未	金四	水二	火六	土五	木三
申酉	水二	火六	土五	木三	金四
戌亥	火六	土五	木三	金四	水二

上表用法是按命宮的干支直接查出五行局，天干甲乙一組、丙丁一組……，地支子丑一組、寅卯一組……。由表中可見，同一組天干，配地支得出的五行局會相同，子丑與午未、寅卯與申酉、辰巳與戌亥都相同。

於是上表可以再簡化為：

六十納音簡表（二）

宮干＼宮支	子丑午未	寅卯申酉	辰巳戌亥
甲乙	金四	水二	火六
丙丁	水二	火六	土五
戊己	火六	土五	木三
庚辛	土五	木三	金四
壬癸	木三	金四	水二

由此表可以再簡化出新的口訣：

甲乙錦江煙（金水火），
丙丁沒谷田（水火土）。
戊己營堤柳（火土木），
庚辛掛杖錢（土木金）。
壬癸林鍾滿（木金水），
花甲納音全。

這首歌訣用有金、木、水、火、土偏旁的字作成。當中「谷」字上面算是「火」，是「穀」的簡化，「沒穀田」才有意義。「田」則借為「土」。「掛」是中央有「土」。

乾隆帝命宮干支是「丁酉」，按「丙丁沒谷田」訣，「谷」字有火，對應「火六局」。

蘇軾命宮干支是「戊戌」，按「戊己營堤柳」訣，「柳」字從「木」，對應「木三局」。

實際使用時，只用「甲乙錦江煙」這首歌訣。

第四節　大運與童限

算紫微斗數絕不能只看命盤上的十二宮，分析十二宮的優劣只是第一步。要合理評價一個命造的高低，起碼要看四至五個大運！

大運由命宮、五行局、生年陽陰和性別決定。

命宮同時是第一個大運的命宮，此後陽男陰女大運順行（依子、丑、寅、卯的次序），陰男陽女大運逆行（依子、亥、戌、酉的次序）。

前賢解釋為「男以順為順，女以逆為順」。

男人以順為順，以逆為逆。所以陽男大運順行，陰男大運逆行。

女人以逆為順，以順為逆。所以跟男人相反，陽女大運逆行，陰女大運順行。

乾隆帝是陰男，大運逆行，依次為：丁酉（六至十五）、丙申（十六至廿五）、乙未（廿六至三十五）、甲午（三十六至四十五）……等。

蘇軾是陽男，大運順行，依次為：戊戌（三至十二）、己亥（十三至廿二）、庚子（廿三至三十二）、辛丑（三十三至四十二）……等。

現時使用電腦軟件排盤，一般排足十二個大運，但是活上百歲能有幾人？

如果人手起盤，研究古人命例時，一般早知當事人壽元，填多少個大運都可以。但是為活人算命，則不宜起得大運大少，總宜排到八九十歲，以免引起當事人不滿。筆者不主張過於刻意為人推算壽元，怎樣處理，讀者可以自行斟酌。

若大運順行，第二大運是原局父母宮，當事人易受父母的管教影響；第三大運是原局福德宮，易受精神生活和物質享用影響。

若大運逆行，第二大運是原局兄弟宮，當事人易受兄弟姊妹或平輩朋友影響；第三大運是原局夫妻宮，易受戀人、配偶、感情生活影響。

未上大運前，有幾年不受大運影響。如火六局一至五歲、水二局一歲等。未上運前的流年，按童限訣定流年命宮：

一命二財三疾厄。

四歲夫妻五福德。

六歲事業順流行。

以蘇軾為例。

丙子年一歲，以原局命宮戌宮為流年命宮。

丁丑年兩歲，以原局財帛宮午宮為流年命宮。

戊寅年三歲，已上「戊戌大運」，以寅宮為流年命宮。換言之，蘇軾的命格逢戊年轉大運。

三歲以後，先看本命吉凶、大運吉凶，再看流年吉凶。一至兩歲則只看本命和流年。

關於童限，有兩個爭議。

一是「六歲事業順流行」的說法為偽訣。因為最遲上運是火六局，如乾隆帝，乙丑年五歲未上運，以原局福德宮亥宮為流年命宮。六歲已上運，大運是丁酉運，丙寅年六歲，應以寅宮為流年命宮。換言之，乾隆帝的命格逢丙年轉大運。

二是「童限」是否需要順佈十二宮。有人認為未上運只論命宮三方四正，也有人認為未上運前，算流年仍需佈十二宮。

筆者同意「六歲事業順流行」是偽訣，至於「童限」向來甚少理會，如要推算則仍佈十二宮。

第五節　長生十二神

「長生十二神」在推算命盤時作用不算特別大，但是筆者用的命盤格式將長生十二神與大運年歲放在一起，所以在起紫微星前，先安長生十二神。第二位「沐浴」是桃花星，但要在子午卯酉宮才有力，在辰戌丑未力弱，可以不理。還有是第十位的「絕」，正曜七殺和助曜天馬都不喜與「絕」神同宮。

第一章介紹過「長生」由五行局決定。

水二局、土五局長生在申；木三局長生在亥；金四局長生在申；火六局長生在巳。

長生十二神的起法是：陽男陰女順行，陰男陽女逆行。

長生十二神

序號	長生
1	長生
2	沐浴
3	冠帶
4	臨官
5	帝旺
6	衰
7	病
8	死
9	墓
10	絕
11	胎
12	養

乾隆帝是陰男火六局，長生在寅，沐浴在丑，冠帶在子……等。

蘇軾是陽男木三局，長生在亥，沐浴在子，冠帶在丑……等。

蘇軾命盤的基本資料已填入，此下要安紫微。

蘇軾命盤（基本資料）

癸巳 疾厄宮 73-82 病	甲午 財帛宮 死	乙未 子女宮 墓	丙申 夫妻宮 絕
壬辰 遷移宮 身宮 63-72 衰	陽男 丙子年十二月十九日卯時 一零三七 宋蘇軾 命主：貪狼 身主：鈴星 木三局		丁酉 兄弟宮 胎
辛卯 交友宮 53-62 旺帝			戊戌 命宮 3-12 養
庚寅 田宅宮 43-52 官臨	辛丑 田宅宮 33-42 帶冠	庚子 福德宮 沐浴	己亥 父母宮 13-12 長生

第六節　起紫微

「紫微斗數」，以「紫微」命名，可見紫微是芸芸星曜之中最為重要。紫微的起例，由五行局和出生日決定。

明清兩代的古籍，都流傳五首七言口訣，大同小異。這些口訣清一色是難於背誦記憶。例如清代中葉的文誠堂刊本《紫微斗數全書》（已輯入心一堂術數古籍珍本叢刊）卷二，金四局起紫微的口訣就詰屈聱牙之至：

紫微金宮四歲花。
初一尋豬初二龍。
順進三步逆退一。
先陰後陽是其基。
惟有初二辰上起。
退三進四逆尋跡。

如果我們拿紫微斗數古籍中其他歌訣來比較，起紫微星的口訣為什麼這樣難記？

答案很簡單，這些都不是真訣。

真訣是：

六五四三二，酉午亥辰丑。
局數除日數，商數宮前走。
若見數無餘，便要起虎口。
日數少於局，逕直宮中守。

訣中丑、走、口、守四個偶數句的句腳都是上聲，按平水韻押上聲「二十五有」。這五言八句，就可以替代五首「不知所云」的偽訣。

局數由水二局至火六局，只能是二三四五六。日數則夏曆的月份月大三十日，月少廿九日，只能是一至三十。

但是這首歌訣要遷就韻腳，實際使用時，次序卻是：

（一）日數少於局，逕直宮中守。若見數無餘，便要起虎口。

例如火六局的人在初一至初五之間出生，水二局的人初一出生都是「日數少於局」。此外，凡是日數等於局數，紫微都一律安在寅宮（起虎口）！

（二）六五四三二，酉午亥辰丑。

歌訣的頭兩句其實還要加字，「二」之後加「盡」（除盡，即是無餘），「丑」字之後加「寅」。就可以涵蓋局數大於日數和局數等於日數的情況。

起紫微「酉午亥辰丑」

紫微／局	酉	午	亥	辰	丑	寅
火六局	初一	初二	初三	初四	初五	初六
土五局		初一	初二	初三	初四	初五
金四局			初一	初二	初三	初四
木三局				初一	初二	初三
水二局					初一	初二

六五四三二（無餘）。
酉午亥辰丑（寅）。

此兩句用法：
火六局，初一至初六，取「酉午亥辰丑寅」。
土五局，初一至初五，取「午亥辰丑寅」。
金四局，初一至初四，取「亥辰丑寅」。
木三局，初一至初三，取「辰丑寅」。
水二局，初一至初二，取「丑寅」。

火六局，初一至初六出生，紫微依次在酉、午、亥、辰、丑、寅六宮。
土五局，改由午開始，初一至初五生，紫微依次安在午、亥、辰、丑、寅。
金四局，酉、午都不用，改由亥開始，初一至初四生，紫微依次安在亥、辰、丑、寅。
木三局，酉、午、亥都不用，改由辰開始，初一至初三生，紫微依次安在辰、丑、寅。

水二局，由丑開始，初一至初二生，紫微依次安丑、寅。

（三）局數除日數，商數宮前走。

如果日數大過局數，兩數相除的結果會得出一個商數（quotient）和一個餘數（residue）。如果能夠除盡，餘數也就等於零。

乾隆帝是十三日生，火六局。兩數相除，商數是二（六二一十八），餘數是一。火六局若配初一生，按前訣紫微在酉宮，因商數是二，再走前兩宮。戌、亥，於是紫微在亥宮。

蘇軾是十九日生，木三局。兩數相除，商數是六（三六一十八），餘數是一。木三局若配初一生，按前訣紫微在辰宮，再走前六宮。巳、午、未、申、酉、戌，於是紫微在戌宮。

乾隆

商數 2

局數 6) 日數 13

12

餘數 1

蘇軾

商數 6

局數 3) 日數 19

18

餘數 1

火六局逐日安紫微

餘一		餘二		餘三		餘四		餘五		無餘	
1	酉	2	午	3	亥	4	辰	5	丑	6	寅
7	戌	8	未	9	子	10	巳	11	寅	12	卯
13	亥	14	申	15	丑	16	午	17	卯	18	辰
19	子	20	酉	21	寅	22	未	23	辰	24	巳
25	丑	26	戌	27	卯	28	申	29	巳	30	午

土五局逐日安紫微

餘一		餘二		餘三		餘四		無餘	
1	午	2	亥	3	辰	4	丑	5	寅
6	未	7	子	8	巳	9	寅	10	卯
11	申	12	丑	13	午	14	卯	15	辰
16	酉	17	寅	18	未	19	辰	20	巳
21	戌	22	卯	23	申	24	巳	25	午
26	亥	27	辰	28	酉	29	午	30	未

金四局逐日安紫微

餘一		餘二		餘三		無餘	
1	亥	2	辰	3	丑	4	寅
5	子	6	巳	7	寅	8	卯
9	丑	10	午	11	卯	12	辰
13	寅	14	未	15	辰	16	巳
17	卯	18	申	19	巳	20	午
21	辰	22	酉	23	午	24	未
25	巳	26	戌	27	未	28	申
29	午	30	亥				

水二局逐日起紫微

餘一		餘二	
1	丑	2	寅
3	寅	4	卯
5	卯	6	辰
7	辰	8	巳
9	巳	10	午
11	午	12	未
13	未	14	申
15	申	16	酉
17	酉	18	戌
19	戌	20	亥
21	亥	22	子
23	子	24	丑
25	丑	26	寅
27	寅	28	卯
29	卯	30	辰

木三局逐日安紫微

餘一		餘二		無餘	
1	辰	2	丑	3	寅
4	巳	5	寅	6	卯
7	午	8	卯	9	辰
10	未	11	辰	12	巳
13	申	14	巳	15	午
16	酉	17	午	18	未
19	戌	20	未	21	申
22	亥	23	申	24	酉
25	子	26	酉	27	戌
28	丑	29	戌	30	亥

第七節　起天府等十三正曜

起出紫微之後，其餘十三正曜的位置都立即可以定出來。但是對於初學者來說，仍需分三部份完成。

（一）起天府。

（二）起「紫陽系」其餘五曜。

（三）起「府陰系」其餘七曜。

《紫微斗數捷覽》由紫微起天府的歌訣如下：

局定生日逆佈紫；
斜對天府順流行。
唯有寅申同一位，
其餘丑卯互安星。

紫微在寅宮或申宮時，會與天府同宮。紫微由寅申宮不論順行逆行，天府都是反方向走。紫微在丑，則天府在卯。紫微在卯，則天府在丑。

筆者另作新訣，以減省記憶：

紫府寅申同，
分道卯丑宮。
辰子巳亥對，
午戌未酉逢。

由這新訣可知，紫微天府可以在寅申同宮，或各在卯丑，或各在辰子，或各在巳亥，或各在午戌，或各在未酉。

乾隆帝命盤紫微在亥宮，天府就在巳宮。

蘇軾命盤紫微在戌宮，天府就在午宮。

起其餘十二正曜有許多口訣，大同小異。

《紫微斗數全書》用訣：

紫微天機逆行旁，
隔一陽武天同當。
又隔二位廉貞地，
空三復見紫微郎。
天府太陰與貪狼，
巨門天相及天梁。
七殺空三破軍位，
八星順數細推詳。

《紫微斗數全集》用訣：

紫微逆去天機星，
隔一陽武天同情。
又隔二位廉貞位，
空三復見紫微星。
天府太陰順貪狼，
巨門天相與天梁。
七殺空三破軍位。
隔宮望見天府鄉。

《紫微斗數全集》這訣與《紫微斗數捷覽》相近，只差幾字而已，可見兩書同源。

筆者另作新訣：

後武前廉合紫微，
陽同夾武帝後機。
府陰貪巨相梁殺，
七殺空三破軍隨。

如此不依傳統，不是為了標新立異。事緣有人學了斗數多年，只知七殺、破軍、貪狼三正曜永遠在三方會照，卻不知紫微、廉貞、武曲同樣永遠在三方會照！

新訣第一句就提醒初學者紫廉武三曜永遠在三合宮，廉貞在紫微之前，武曲在紫微之後。

第二句強調太陽和天同永遠一前一後夾武曲，而天機則在紫微後一宮。

府陰系比較簡單，天府、太陰、貪狼、巨門、天相、天梁、七殺七星聯珠，七殺後再隔三宮則是破軍。

蘇軾命盤紫微在戌，天府在午，就可以安其餘十二曜了。

由紫微起天府示意圖

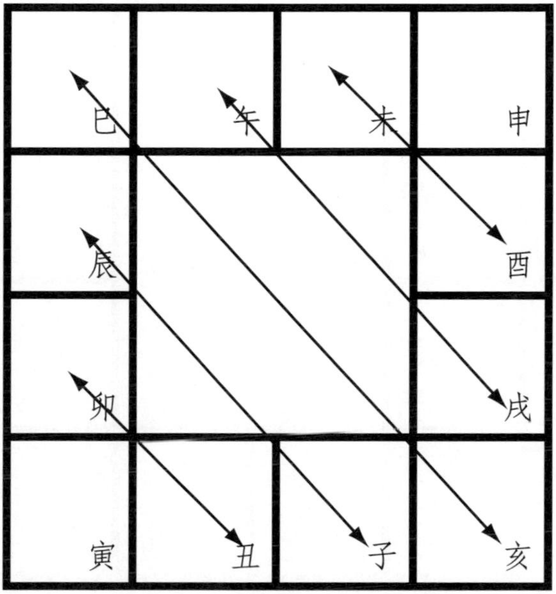

蘇軾命盤：由紫微安天府

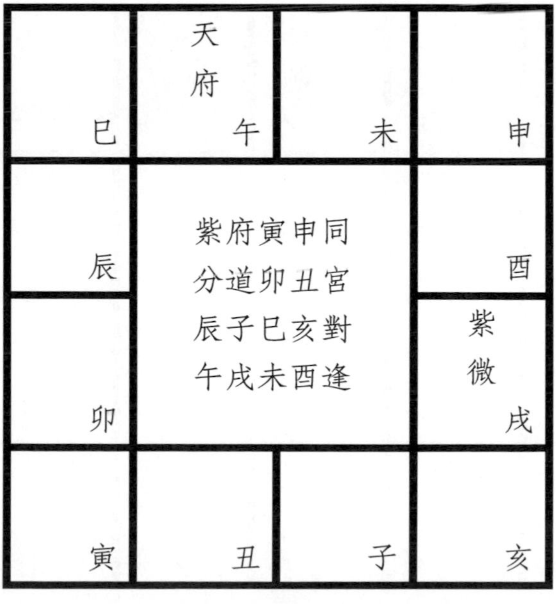

蘇軾命盤：安廉貞武曲

<table>
<tr><td>巳</td><td>天府 武曲
午</td><td>未</td><td>申</td></tr>
<tr><td>辰</td><td colspan="2" rowspan="2">後武前廉合紫微
（寅午戌三合）</td><td>酉</td></tr>
<tr><td>卯</td><td>紫微
戌</td></tr>
<tr><td>廉貞
寅</td><td>丑</td><td>子</td><td>亥</td></tr>
</table>

蘇軾命盤：安太陽天同天機

<table>
<tr><td>天同
巳</td><td>天府 武曲
午</td><td>太陽
未</td><td>申</td></tr>
<tr><td>辰</td><td colspan="2" rowspan="2">陽同夾武帝後機</td><td>天機
酉</td></tr>
<tr><td>卯</td><td>紫微
戌</td></tr>
<tr><td>廉貞
寅</td><td>丑</td><td>子</td><td>亥</td></tr>
</table>

蘇軾命盤：安天府太陰貪狼巨門天相天梁七殺

天同 巳	天府 武曲 午	太陰 太陽 未	貪狼 申
辰	府陰貪巨相梁殺		巨門 天機 酉
卯			天相 紫微 戌
廉貞 寅	丑	七殺 子	天梁 亥

蘇軾命盤：安破軍

天同 巳	天府 武曲 午	太陰 太陽 未	貪狼 申
破軍 辰	七殺空三破軍隨		巨門 天機 酉
卯			天相 紫微 戌
廉貞 寅	丑	七殺 子	天梁 亥

總結一下十四正曜的相對位置。
紫微、廉貞、武曲三曜在三合局相會，與殺破狼的情況相同。
太陽、天同，必夾武曲。
天府、太陰、貪狼、巨門、天相、天梁、七殺，共七曜相連，有五組連續相夾關係。
天府、貪狼：，必夾太陰。
太陰、巨門，必夾貪狼。
貪狼、天相，必夾巨門。
巨門、天梁，必夾天相。
天相、七殺，必夾天梁。
天府、七殺永遠相對：，天相、破軍亦永遠相對。
十四正曜之中，府、相、殺、破永不參與借星安宮。共餘十曜都有可能借星。
初學者應多練習安十四正曜，可按紫微在子丑寅卯等十二宮，使用以上口訣。

不過，這些練習只屬過渡，當熟習各星系組合之後，就可以單憑紫微在子丑寅卯那一宮，都能夠立即準確佈完十四正曜。

以下是紫微在十二宮的情況，因為紫微在六衝宮位時，其餘十三正曜都會組成相同而在對宮的組合。所以以下圖例將紫微在子午、丑未、寅申、卯酉、辰戌、巳亥合來劃分。

斗數盤：宋蘇軾（十四正曜）

天府 疾厄宮 癸巳 73-82 病	武曲 天府 財帛宮 甲午 死	太陰 太陽 子女宮 乙未 墓	貪狼 夫妻宮 丙申 絕
破軍 遷移宮 身宮 壬辰 63-72 衰		陽男 丙子年十二月十九日卯時 一零三七 宋蘇軾	巨門 天機 兄弟宮 丁酉 胎
友屬宮 辛卯 53-62 帝旺	命主：貪狼 身主：火星 木六局		天相 紫微 命宮 戊戌 3-12 養
廉貞 田宅宮 庚寅 43-52 臨官	田宅宮 辛丑 33-42 冠帶	七殺 福德宮 庚子 沐浴	天梁 父母宮 己亥 13-12 長生

十四正曜分佈（紫微在子）

太陰 巳	貪狼 午	巨門 天同 未	天相 武曲 申
天府 廉貞 辰	紫微在子		天梁 太陽 酉
卯			七殺 戌
破軍 寅	丑	紫微 子	天機 亥

十四正曜分佈（紫微在午）

天機 巳	紫微 午	未	破軍 申
七殺 辰	紫微在午		酉
天梁 太陽 卯			天府 廉貞 戌
天相 武曲 寅	巨門 天同 丑	貪狼 子	太陰 亥

十四正曜分佈（紫微在丑）

貪狼 廉貞 巳	巨門 午	天相 未	天梁 天同 申
太陰 辰	紫微在丑		七殺 武曲 酉
天府 卯			太陽 戌
寅	破軍 紫微 丑	天機 子	亥

十四正曜分佈（紫微在未）

巳	天機 午	破軍 紫微 未	申
太陽 辰	紫微在未		天府 酉
七殺 武曲 卯			太陰 戌
天梁 天同 寅	天相 丑	巨門 子	貪狼 廉貞 亥

十四正曜分佈（紫微在寅）

巨門 巳	天相 廉貞 午	天梁 未	七殺 申
貪狼 辰	紫微在寅		天同 酉
太陰 卯			武曲 戌
天府 紫微 寅	天機 丑	破軍 子	太陽 亥

十四正曜分佈（紫微在申）

太陽 巳	破軍 午	天機 未	天府 紫微 申
武曲 辰	紫微在申		太陰 酉
天同 卯			貪狼 戌
七殺 寅	天梁 丑	天相 廉貞 子	巨門 亥

十四正曜分佈（紫微在卯）

天相 巳	天梁 午	廉貞七殺 未	申
巨門 辰	紫微在卯		酉
紫微貪狼 卯			天同 戌
天機太陰 寅	天府 丑	太陽 子	武曲破軍 亥

十四正曜分佈（紫微在酉）

武曲破軍 巳	太陽 午	天府 未	天機太陰 申
天同 辰	紫微在酉		紫微貪狼 酉
卯			巨門 戌
寅	廉貞七殺 丑	天梁 子	天相 亥

十四正曜分佈（紫微在辰）

天梁 巳	七殺 午	未	廉貞 申
天相 紫微 辰	紫微在辰		酉
巨門 天機 卯			破軍 戌
貪狼 寅	太陰 太陽 丑	天府 武曲 子	天同 亥

十四正曜分佈（紫微在戌）

天同 巳	天府 武曲 午	太陰 太陽 未	貪狼 申
破軍 辰	紫微在戌		巨門 天機 酉
卯			天相 紫微 戌
廉貞 寅	丑	七殺 子	天梁 亥

十四正曜分佈（紫微在巳）

紫微 七殺 巳	午	未	申
天機 天梁 辰	紫微在巳		廉貞 破軍 酉
天相 卯			戌
太陽 巨門 寅	武曲 貪狼 丑	天同 太陰 子	天府 亥

十四正曜分佈（紫微在亥）

天府 巳	天同 太陰 午	武曲 貪狼 未	太陽 巨門 申
辰	紫微在亥		天相 酉
廉貞 破軍 卯			天機 天梁 戌
寅	丑	子	紫微 七殺 亥

「紫陽系」共六曜，他們的相對位置永遠不變。

「府陰系」共八曜，他們的相對位置也是永遠不變。

例如紫微坐命的人，子女宮必坐太陽，兄弟宮必坐天機。

初學者不必記熟此下兩表，多看命例就可以一步步掌握。

還有一個特點要提一提。太陽和巨門的關係最為特別，因為「借星安宮」的關係，不論在任何組合，太陽和巨門兩曜總能相會！

紫陽系六曜入命表

天機	太陽	武曲	天同	廉貞	紫微
兄弟	子女	財帛	疾厄	事業	命宮
命宮	夫妻	子女	財帛	友屬	父母
父母	兄弟	夫妻	子女	遷移	福德
福德	命宮	兄弟	夫妻	疾厄	田宅
田宅	父母	命宮	兄弟	財帛	事業
事業	福德	父母	命宮	子女	友屬
友屬	田宅	福德	父母	夫妻	遷移
遷移	事業	田宅	福德	兄弟	疾厄
疾厄	友屬	事業	田宅	命宮	財帛
財帛	遷移	友屬	事業	父母	子女
子女	疾厄	遷移	友屬	福德	夫妻
夫妻	財帛	疾厄	遷移	田宅	兄弟

府陰系八曜入命表

天府	太陰	貪狼	巨門	天相	天梁	七殺	破軍
命宮	父母	福德	田宅	事業	友屬	遷移	夫妻
父母	福德	田宅	事業	友屬	遷移	疾厄	兄弟
福德	田宅	事業	友屬	遷移	疾厄	財帛	命宮
田宅	事業	友屬	遷移	疾厄	財帛	子女	父母
事業	友屬	遷移	疾厄	財帛	子女	夫妻	福德
友屬	遷移	疾厄	財帛	子女	夫妻	兄弟	田宅
遷移	疾厄	財帛	子女	夫妻	兄弟	命宮	事業
疾厄	財帛	子女	夫妻	兄弟	命宮	父母	友屬
財帛	子女	夫妻	兄弟	命宮	父母	福德	遷移
子女	夫妻	兄弟	命宮	父母	福德	田宅	疾厄
夫妻	兄弟	命宮	父母	福德	田宅	事業	財帛
兄弟	命宮	父母	福德	田宅	事業	友屬	子女

第八節　起十四助曜

十四助曜可以粗略分為吉凶兩組：六吉祿馬共八曜較為吉利；四煞空劫共六曜較為凶危，表面上是吉星多凶星少，但是也不可以一概而論。

例如貪狼特別喜歡見火星、鈴星兩顆「凶星」，可以構成「火貪格」、「鈴貪格」。所謂「見」，包括在同宮，對宮和三合宮，即所謂「三方四正」。十四正曜中，有些特別怕煞，在對宮和三合宮見一兩顆無妨，同宮就抵擋不住了，這是「煞在內」和「煞在外」的分別。還有「煞重」和「煞輕」的差異。擎羊、陀羅、火星、鈴星等四煞多見，也是不良結構。有所謂「三煞併照」和「四煞併照」等不利的組合。

文昌、文曲屬於六吉星，但是正曜破軍不喜歡只見文昌文曲（再加見左輔右弼或天魁天鉞無妨），尤不喜單見文昌或文曲。明刊本《紫微斗數捷覽》卷四〈破軍星論〉：「與文星守命則一生貧士。」

以上稍舉實例，說明算紫微斗數要掌握十四正曜各自與十四助曜的組合關係是吉是凶、是喜是忌。

此下逐一介紹十四助曜的起例。

（一）文昌文曲（時系）

文昌文曲由出生時決定宮位。《紫微斗數捷覽》訣云：

辰上順時尋文曲，

戌上逆時覓文昌。

乾隆帝子時出生，文昌在戌宮（父母宮），文曲在辰宮（疾厄宮）。

蘇軾卯時出生，文昌文曲都在未宮子女宮。

文昌文曲每時過一宮，陽時落陽宮，陰時入陰宮。

安文昌文曲

星／時	文昌	文曲
子	戌	辰
丑	酉	巳
寅	申	午
卯	未	未
辰	午	申
巳	巳	酉
午	辰	戌
未	卯	亥
申	寅	子
酉	丑	丑
戌	子	寅
亥	亥	卯

（二）左輔右弼（月系）

左輔右弼由生月決定宮位。《紫微斗數捷覽》訣云：

辰上順正尋左輔，
戌上逆正右弼當。

乾隆帝八月生，左輔在巳宮（福德宮），右弼在卯宮（遷移宮）。
蘇軾十二月生，左輔在卯宮（友屬宮），右弼在亥宮（父母宮）。
左輔右弼每月過一宮，陽月落陽宮，陰月入陰宮。
文昌文曲、左輔右弼兩組對星的起例相近。一在辰起順行，一在戌起逆行。
兩組對星都可以在丑未同宮，可以夾丑未宮，在辰戌宮對衝。

安左輔右弼

星／月	左輔	右弼
正	辰	戌
二	巳	酉
三	午	申
四	未	未
五	申	午
六	酉	巳
七	戌	辰
八	亥	卯
九	子	寅
十	丑	丑
十一	寅	子
十二	卯	亥

（三）天魁天鉞（年干系）

天魁天鉞由生年年干決定，所以各自不能全落十二宮（天干只得十位而地支有十二位）。訣云：

甲戊庚牛羊，（丑未宮對衝）
乙己鼠猴鄉。（子申宮會照）
丙丁豬雞位，（酉亥宮夾戌宮）
壬癸兔蛇藏。（卯巳宮夾辰宮）
六辛逢馬虎，（午寅宮會照）
魁鉞貴人方。

乾隆帝辛年出生，天魁在午宮（子女宮），天鉞在寅宮（友屬宮）。
蘇軾丙年出生，天魁在亥宮（父母宮），天鉞在酉宮（兄弟宮）。

這首五言六句歌訣，偶數句句腳的鄉、藏、方三字押韻。

六辛，是指辛干可以跟六個陰支配合。即辛丑、辛卯、辛巳、辛未、辛酉、辛亥等六年出生的人天魁都在午宮，天鉞則在寅宮。

天魁天鉞貴人，不入天羅地網（辰戌宮），不能如文昌文曲、左輔右弼那樣同宮（除非借星安宮）。

安天魁天鉞

干	天魁	天鉞
甲	丑	未
乙	子	申
丙	亥	酉
丁	亥	酉
戊	丑	未
己	子	申
庚	丑	未
辛	午	寅
壬	卯	巳
癸	卯	巳

（四）祿存、擎羊、陀羅（年干系）

祿存與天馬為對星，但是與擎羊、陀羅兩煞星關係更密切，同樣由出生年決定位置。據《紫微斗數捷覽》訣云：

甲祿到寅宮，
乙祿居卯府。
丙戊祿在巳，
丁己祿居午。
庚祿定居申，
辛祿酉上補。
壬祿亥中藏，
癸祿居子位。
祿前一位羊刃當，
祿後一位陀羅苦。

乾隆帝辛年出生，祿在在酉宮（命宮）、擎羊在戌宮（父母宮）、陀羅在申宮（兄弟宮）。

蘇軾丙年出生，祿存在巳（疾厄宮）、擎羊在午（財帛宮）、陀羅在辰（遷移宮）。

三星相連，擎羊陀羅永遠夾著祿存。

祿存永不與擎羊、陀羅相會。

祿存不入四墓庫（辰戌丑未）。

擎羊不入四長生（寅申巳亥）。

陀羅不入四桃花（子午卯酉）。

起祿存、擎羊、陀羅

年干	擎羊	祿存	陀羅
甲	卯	寅	丑
乙	辰	卯	寅
丙	午	巳	辰
丁	未	午	巳
戊	午	巳	辰
己	未	午	巳
庚	酉	申	未
辛	戌	酉	申
壬	子	亥	戌
癸	丑	子	亥

（五）天馬（年支系）

天馬與祿存為對星，按出生年支安星。《紫微斗數捷覽》訣云：

申子辰人馬居寅。
寅午戌人馬居申。
亥卯未人馬居巳。
巳酉丑人馬居亥。

乾隆帝酉年出生，天馬在巳宮（財帛宮）。
蘇軾子年出生，天馬在寅宮（事業宮）。
凡甲庚年，祿存天馬在寅申宮，祿存天馬同宮或相對，是為「祿馬交馳」正格。
乙辛年，祿馬相會，構成「祿馬交馳」的偏格。
丙丁戊己壬癸年，祿馬不相會。

（六）火星鈴星（時系）

火星鈴星按出生年支和生時決定落在何宮位。《紫微斗數全書》訣云：

寅午戌人丑卯方，
申子辰人寅戌揚。
巳酉丑人卯戌位，
亥卯未人酉戌房。

出生年決定火星鈴星在那一個宮位起子時。
乾隆帝在卯年子時生，按上訣「亥卯未人酉戌房」，火星在酉宮（命宮），鈴星在戌宮（父母宮）。
蘇軾在子年卯時生，按上訣「申子辰人寅戌揚」，火星在寅宮起子時，鈴星在戌宮起子時，數至卯時。火星子時在寅、丑時在卯、寅時在辰，卯時在巳宮（疾厄宮）；鈴星子時在戌、丑時在亥、寅時在子、卯時在丑宮（田宅宮）。

十四助曜之中，以火星鈴星的安法最繁複，筆者再簡化口訣為：

水局會寅戌。

火局夾寅宮。（火星在丑、鈴星在卯夾寅宮）

金局卯戌隔。（相隔六宮而不會）

木局酉戌連。

再簡化為：

水會，火夾，金隔，木連。

（七）地空地劫（時系）

地空地劫按生時起。《紫微斗數捷覽》訣云：

亥上子時順安劫，
逆行便是地空亡。

子時生地空地劫同在亥宮，地劫順行、地空逆行。
乾隆帝子時生，地劫地空同在亥宮（福德宮）。
蘇軾卯時生，地劫在寅宮（事業宮），地空在申宮（夫妻宮）。

文昌文曲火星鈴星地劫地空

年支			辰子申		戌午寅		丑酉巳		未卯亥			
星／時	文昌	文曲	火星	鈴星	火星	鈴星	火星	鈴星	火星	鈴星	地劫	地空
子	戌	辰	寅	戌	丑	卯	卯	戌	酉	戌	亥	亥
丑	酉	巳	卯	亥	寅	辰	辰	亥	戌	亥	子	戌
寅	申	午	辰	子	卯	巳	巳	子	亥	子	丑	酉
卯	未	未	巳	丑	辰	午	午	丑	子	丑	寅	申
辰	午	申	午	寅	巳	未	未	寅	丑	寅	卯	未
巳	巳	酉	未	卯	午	申	申	卯	寅	卯	辰	午
午	辰	戌	申	辰	未	酉	酉	辰	卯	辰	巳	巳
未	卯	亥	酉	巳	申	戌	戌	巳	辰	巳	午	辰
申	寅	子	戌	午	酉	亥	亥	午	巳	午	未	卯
酉	丑	丑	亥	未	戌	子	子	未	午	未	申	寅
戌	子	寅	子	申	亥	丑	丑	申	未	申	酉	丑
亥	亥	卯	丑	酉	子	寅	寅	酉	申	酉	戌	子

十四助曜中，文昌文曲、火星鈴星、地空地劫都屬時系。從上表可以得出六曜的關係。

文昌文曲跟地空地劫永不相會。

陽年生人，火星鈴星同時在陽宮或陰宮。

陰年生人，火星鈴星必定一在陽宮、一在陰宮。

因為擎羊陀羅也是同時在陽宮或陰宮，所以陽年生人有可能羊陀與火鈴不相見，也有可能個別宮位見四煞併照，陰年生人必有些宮位見三煞併照而不可能有四煞併照。

十四助曜在推算大運流年時，部分有流曜，部分沒有。

六吉祿馬之中，文昌文曲、天魁天鉞、祿存天馬都有流曜。左輔右弼則無。

四煞空劫之中，擎羊陀羅有流曜，火星鈴星、地空地劫則無。

前文提過，十四助曜算是八吉六凶；大運流年的流助曜則算是六吉兩凶。

推算大運時，昌曲、魁鉞、祿馬、羊陀都有兩顆，一是命盤已有，另一是由大運干支起的大運流曜。

推算流年時，這八助曜都有三顆，即是再加由流年干支起的流午流曜

六流曜中，除昌曲外，仍按原來起例，大運或流年干支決定。文昌文曲本來屬時系星曜，在大運流年則另有起法，由大運流年的天干決定。《紫微斗數捷覽》訣云：

甲蛇乙馬報告知。
丙戊申宮丁己雞。
庚豬辛鼠壬逢虎。
癸人見兔步雲梯。

這個口訣只從十干起流昌而不提及流曲，起流曲另有一訣：

甲雞乙猴四墓空，
丙馬丁蛇戊己同。
庚兔疾馳辛虎逐，
壬鼠癸豬水鄉逢。

流昌、流曲例不入辰戌丑未四墓，與命盤昌曲不同，列表如下：

安流昌流曲

星／干	流昌	流曲
甲	巳	酉
乙	午	申
丙	申	午
丁	酉	巳
戊	申	午
己	酉	巳
庚	亥	卯
辛	子	寅
壬	寅	子
癸	卯	亥

第九節　起祿權科忌四化星

祿權科忌四化星，按天干決定，通常是初學者感到最難的一道關卡。化祿、化權、化科、化忌是在原星曜的基本性質上，化出祿、權、科、忌等四種性質。

初學者要初步懂得推算流年，才算「滿師」，可以出外去「行走江湖」。本命一套四化，大運一套四化，流年一套四化，共是三套。令人容易感到花多眼亂。十干四化的內容向來眾說紛紜，在此只列出筆者用的一套說法：

甲，廉破武陽。

乙，機梁紫陰。

丙，同機昌廉。

丁，陰同機巨。

戊，貪陰陽機。

己，武貪梁曲。

庚，陽武府同。

辛，巨陽曲昌。

壬，梁紫府武。

癸，破巨陰貪。

十干四化必須背得爛熟。

乾隆帝是辛年生人，按「辛巨陽曲昌」訣，巨門化祿（在兄弟宮）、太陽化權（兄弟宮）、文曲化科（疾厄宮）、文昌化忌（父母宮）。

蘇軾是兩年生人，按「丙同機昌廉」訣，天同化祿（在疾厄宮）、天機化權（兄弟宮）、文昌化科（子女宮）、廉貞化忌（事業宮）。

至此，蘇軾命盤的十四正曜、十四助曜和四化星都起好了。初學者可以暫時放下雜曜，已經可以看出一些細節來。

斗數盤：宋蘇軾（正助化曜）

<table>
<tr><td>祿存
▲火星
天同 (祿)
癸巳 疾厄宮
73-82
病</td><td>▲擎羊
武曲
天府
甲午 財帛宮
死</td><td>文曲
文昌 (科)
太陰
太陽
乙未 子女宮
墓</td><td>地空
貪狼
丙申 夫妻宮
絕</td></tr>
<tr><td>▲陀羅
破軍
壬辰 遷移宮 身宮
63-72
衰</td><td colspan="2" rowspan="2">陽男
丙子年十二月十九日卯時
一零三七
宋蘇軾
命主：貪狼
身主：火星
火六局</td><td>天鉞
巨門
天機 (權)
丁酉 兄弟宮
胎</td></tr>
<tr><td>左輔
辛卯 友屬宮
53-62
帝旺</td><td>天相
紫微
戊戌 命宮
3-12
養</td></tr>
<tr><td>天馬
地劫
廉貞 (忌)
庚寅 田宅宮
43-52
臨官</td><td>▲鈴星
辛丑 田宅宮
33-42
冠帶</td><td>七殺
庚子 福德宮
沐浴</td><td>右弼
天魁
天梁
己亥 父母宮
13-12
長生</td></tr>
</table>

十干四化表

干	化祿	化權	化科	化忌
甲	廉貞	破軍	武曲	太陽
乙	天機	天梁	紫微	太陰
丙	天同	天機	文昌	廉貞
丁	太陰	天同	天機	巨門
戊	貪狼	太陰	太陽	天機
己	武曲	貪狼	天梁	文曲
庚	太陽	武曲	天府	天同
辛	巨門	太陽	文曲	文昌
壬	天梁	紫微	天府	武曲
癸	破軍	巨門	太陰	貪狼

甲干是紫府系正曜三吉化、丁干是日月系正曜三吉化，都有機會成為見祿權科三吉化齊會的格局。此外，丙干如果遇上文昌化科落在日月系的宮位，辛干如果文曲化科落在日月系的宮位，同樣有機會構成三吉化齊會的格局。

此下再比較紫府系和日月系正曜四化的情況。

紫府系正曜四化表

正曜／四化	化祿	化權	化科	化忌
紫微	×	✓	✓	×
天府	×	×	✓✓	×
天相	×	×	×	×
武曲	✓	✓	✓	✓
七殺	×	×	×	×
破軍	✓	✓	×	×
貪狼	✓	✓	×	✓
廉貞	✓	×	×	✓

天府化科兩次，庚干和壬干都化科。

日月系正曜四化表

正曜＼四化	化祿	化權	化科	化忌
太陽	✓	✓	✓	✓
太陰	✓	✓	✓	✓
天同	✓	✓	✗	✓
天梁	✓	✓	✓	✗
天機	✓	✓	✓	✓
巨門	✓	✓	✗	✓

紫府系八曜四化較少，日月系六曜四化較多。

星系＼四化	化祿	化權	化科	化忌
紫府	4	4	4	3
日月	6	6	4	5
昌曲	0	0	2	2

此下以蘇軾為例，談談流四化。

蘇軾在宋仁宗嘉祐元年（一零五六）中進士，時年二十一，正行己亥運。命、運、年三套四化是：

干	化祿	化權	化科	化忌
丙命	天同	天機	文昌	廉貞
己運	武曲	貪狼	天梁	文曲
丙年	天同	天機	文昌	廉貞

如推算己亥運，只有丙命、己運兩組四化。

在丙申流年，天同是本命流年兩重化祿，斗數術語稱為「天同雙化祿」，其餘還有「天機雙化權」、「文昌雙化科」、「廉貞雙化忌」。

蘇軾一生最大的危機是在宋神宗元豐二年己未（一零七九）發生的「烏臺詩案」，被指「愚弄朝廷」，被捕下獄，時年四十四。烏臺是御史臺的別稱，此事因蘇軾被御史彈劾而起，故稱「烏臺詩案」。當時在庚寅運，三組四化是：

干	化祿	化權	化科	化忌
丙命	天同	天機	文昌	廉貞
庚運	太陽	武曲	天府	天同
己年	武曲	貪狼	天梁	文曲

推算大運時，天同在本命化祿，到了大運再化忌，斗數術語稱為「天同化忌衝化祿」，簡稱「天同忌衝祿」。己未年則見武曲大運化權，到了流年再化祿。斗數術語稱為「武曲化權再化祿」。一般牽涉化忌的複雜情況，才用「衝」字。

此下還有流月四化、流日四化和流時四化。但是過於繁瑣，除作「學術研究」之外，筆者建議初學者不必企圖算得太過精細準確。到了流月共四套四化、流日五套、流時六套，通常只需考慮最近的三套就可以。例如算到流月的時候，本命的四化可以置之不理。

第十節 起雜曜

以下介紹雜曜起例。

雜曜的力量遠遠及不上正曜、助曜和四化星。除了特別組合之外，雜曜之吉只是錦上添花；雜曜之凶只是助紂為虐。吉凶休咎仍以正曜、助曜和四化星為主。

除了長生十二神和三系流曜之外，筆者重新整理雜曜共四十顆，重編次序：

四善八貴，桃花姚刑。
虛哭孤寡，五惡三空。
三德二解，華蓋廚巫。
傷使禍淺，卌雜曜全。

（一）四善曜

四善曜缺點比較少，是天官、天福、天才、天壽。

天官的官，指官祿的官，主貴；天福天壽顧名思義；天才則主聰明。

天官天福是對星，最好的情況增強官貴；天福天壽也是對星，最好的情況是增添福壽。

天官喜與主星同宮，斗數共有三主星，紫微是北斗主星，也是全盤南北斗中天的主星中之主星，天府是南斗主星，中天主星則日生人以太陽為主星、夜生人以太陰為主星。日生人指寅卯辰巳午未六個時辰，夜生人則是申酉戌亥子丑六個時辰，不盡依平時太陽的升降時辰。天官尤喜與入廟的中天主星太陽同宮。

天同化氣為福，所以天福最喜與天同同宮。

天梁化氣為蔭，主壽，所以天壽最喜與天梁同宮（宜在命宮或遷移宮，在六親宮位則增加年齡差距）。

天才最喜與廟旺的天機同宮。

天官天福按出生年干起，清代以前各有獨立歌訣，後來合併為一：

甲喜羊雞乙龍猴，
丙年蛇鼠一窩謀。
丁虎擒豬戊玉兔，
己雞居然與虎儔。
庚豬馬辛雞蛇走，
壬犬馬癸馬蛇遊。

安天官天福

年干	天官	天福
甲	未	酉
乙	辰	申
丙	巳	子
丁	寅	亥
戊	卯	卯
己	酉	寅
庚	亥	午
辛	酉	巳
壬	戌	午
癸	午	巳

甲乙戊辛壬等五年，天官天福能會照；丙丁己庚癸干，天官天福不會照。

乾隆帝是辛年生人，天官在酉宮（命宮），天福在巳宮（財帛宮），命宮同時見對星。

蘇軾丙年生人，天官在巳宮（疾厄宮），天福在子宮（福德宮），兩星不相會。

天才天壽按出生年支起。《紫微斗數捷覽》訣云：

命宮起子天才順；
身宮起子天壽堂。

乾隆帝卯年生，命身同宮，天才天壽都在子宮（田宅宮）。
蘇軾子年生，身宮在遷移宮，天才在戌宮（命宮），天壽在辰宮（遷移宮）。
凡子年生人天才在命，寅年生人天才在福德宮，午年生人天才在遷移宮（命宮對宮）。單以天才星論聰明，可以說生肖屬鼠、虎、馬的人比較聰明。不過天才始終是雜曜，只能對十四正曜和十四助曜起錦上添花的輔助作用。天才與天壽有機會同宮，也必然會照某些宮位。

安天才

年支	天才
子	命宮
丑	父母
寅	福德
卯	田宅
辰	事業
巳	友屬
午	遷移
未	疾厄
申	財帛
酉	子女
戌	夫妻
亥	兄弟

（二）八貴曜（共四對）

八貴曜都偏向吉利，成對可以成為「百官朝拱」中的百官。

龍池鳳閣主聰明才藝，單見也可作用，龍池略偏向「藝」，鳳閣略偏向「才」。

三台八座主地位；恩光天貴主貴顯；台輔封誥主榮譽。這三對雜曜要成對才有力量，單見則力量薄弱，可以置之不理。

龍池鳳閣按出生年支起。《紫微斗數捷覽》訣云：

龍池起子順行辰，生元便是福元真。
鳳閣戌上逆數子，遇至生年是吉神。

蘇軾在子年生，龍池在辰宮（命宮），鳳閣在戌宮（遷移宮）。以下雜曜不再介紹在乾隆帝命盤的宮位，讀者可以自行試排。

三台八座從出生日，以及左輔右弼所在宮位起。《紫微斗數捷覽》訣云：

三台左輔順初一，數至生日是台宮。
八座右弼逆初一，數至生日定其蹤。

蘇軾十九日生，左輔在卯，在卯宮起初一，每日順行至十三日卯宮，數至十九日在酉宮（兄弟宮）。右弼在亥宮，每日逆行，至十九日到巳宮（疾厄宮）。文昌文曲、左輔右弼、龍池鳳閣、三台八座四對對星的分佈形態相同，可以在丑未宮同宮，辰戌宮相對，夾丑未宮等。所以龍鳳與台座如果跟昌曲、輔弼同宮，助曜與雜曜一起就相得益彰了。例如紫微破軍在丑未宮最喜得左輔右弼相夾（古訣云：「輔弼夾帝為上品」），如果再得文昌文曲、龍池鳳閣、三台八座同夾，氣魄就更宏大了。

恩光天貴也是從生日起，但是按文昌文曲所在宮位。《紫微斗數捷覽》訣云：

文昌順數至生日，退後一步是恩光。
文曲順數至生日，退後一步天貴場。

恩光天貴從文昌文曲起，兩星都是依出生日順行，跟三台八座從左輔右弼起而一順一逆不同。所以，恩光天貴的相對位置，跟文昌文曲之間一樣。文昌文曲同宮、恩光天貴也同宮；昌曲對照，恩光天貴也對照。

蘇軾命盤文昌文曲同在未宮，順至十九日是丑宮，退回一宮是子宮（福德宮）。

台輔封誥從文曲起。《紫微斗數捷覽》訣云：

曲前三位是台輔；
曲後三位封誥鄉。

舊訣的意思，連文曲所在宮位也算，後來的歌訣都改為文曲前後兩宮。蘇軾命文曲在未宮，未、申、酉，台輔在酉宮（兄弟宮）；未、午、巳，封誥在巳宮（疾厄宮）。

以上起八顆貴吉雜曜的口訣稍嫌囉嗦累贅，初學者待熟習後，可以用圖像思維代替歌訣，又或只記住重點，不必拘泥背誦。

此下不再逐一列明蘇軾命盤中其他雜曜，讀者可自行填寫，作為練習。

（三）桃花（共兩對，年支系）

紫微斗數中，「桃花」的意義主要是當事人的「異性緣」。中國古代長時期容許男人納妾，既不忌多妻妾，自然亦不忌桃花過重。二十世紀以後，基督教一夫一妻制成為大中華圈的主流，社會人心改變，較難接受一夫多妻。香港亦在七十年代明令男人不得納妾，雖則可以用「走法律罅」的形式實際上維持一夫多妻，但是法律上、名義上是不容許的。所以現代人的斗數盤桃花重重，經常會影響個人和家庭。此外，異性緣也可以轉化為從事服務異性的行業，或藝術，那就是良性的轉化了。

桃花雜曜共兩對半，紅鸞天喜多為良性，咸池大耗多為惡性，都從出生年支起。另有天姚從出生月起，稍後再談。

起紅鸞天喜，《紫微斗數捷覽》訣云：

紅鸞卯上子年起，逆行數至生年干。
對宮即是天喜星，運限命逢偏有喜。

許多舊訣都極繁瑣。起紅鸞天喜，其實只須記住鸞喜永遠相對，紅鸞在卯宮起子年而逆行就可以。

咸池按出生年支起，《紫微斗數捷覽》訣云：

寅午戌兔從茅裡出，申子辰雞叫亂人倫。
亥卯未鼠子當頭忌，巳酉丑躍馬南方走。

從上訣，申子辰年生人咸池在酉，巳酉丑年生人咸池在午，寅午戌生人咸池在卯，亥卯未生人咸池在子。如果按十二地支的次序子、丑、寅、卯至亥逐一數，咸池依次落在酉、午、卯、子各宮共三次。故咸池必定在子午卯酉四桃花之地。

大耗按出生年支起，《紫微斗數捷覽》訣云：

鼠忌羊頭上，
牛嗔馬不耕。
虎嫌雞啄短，
兔嫌猴不聲。
龍憎豬面黑，
蛇驚犬臥門。
有人犯此殺，
財食散伶仃。

子鼠、未羊一組，子年大耗在未，未年大耗在子。餘此類推。

四顆桃花雜曜都是陽年落陰宮，陰年落陽宮。凡丑年咸池大耗在午宮，未年咸池大耗在子宮，桃花較重，如果正曜星系已有缺點，有可能因感情而影響運程。

安紅鸞天喜咸池大耗

年支	紅鸞	天喜	咸池	大耗
子	卯	酉	酉	未
丑	寅	申	午	午
寅	丑	未	卯	酉
卯	子	午	子	申
辰	亥	巳	酉	亥
巳	戌	辰	午	戌
午	酉	卯	卯	丑
未	申	寅	子	子
申	未	丑	酉	卯
酉	午	子	午	寅
戌	巳	亥	卯	巳
亥	辰	戌	子	辰

（四）天姚天刑（月系）

天姚天刑性質相反，天姚為桃花星，常主一見鍾情；天刑則為刑曜，常主刑法，有時可以化解桃花。擎羊化氣為刑，常主刑剋、刑傷，不能化解桃花，反而常會將桃花轉向壞的發展，跟天刑的刑不盡相同。天刑若與擎羊同宮或對照，刑傷剋害的性質便大幅加重。

天姚天刑由出生月起，《紫微斗數捷覽》訣云：

天姚丑上順正月，天刑酉上正月輪。
數到生月皆住腳，便安刑姚二星辰。

此古訣後兩句純屬廢話。筆者只記住「刑酉、姚丑、順月行」。

天姚天刑陽月落陰宮、陰月落陽宮；故此與左輔右弼永不相會。

天姚如果與前述鸞、喜、咸、耗四桃花雜曜交涉，桃花就比較重。

（五）虛哭孤寡（年系）

天虛、天哭對星；孤辰、寡宿對星都是偏向惡性。四曜都從出生年支起。顧名思義，天虛常主精神空虛、物質空虛；天哭常主傷心落淚；少年喪父為孤，女子喪夫為寡。不過，四曜的性質實際未必很壞，視乎正曜組合的吉凶。如果正曜星系組合吉利，只會表徵為某些方面的孤單感覺，未必一定算是壞事。

筆者命宮三方四正就見齊虛哭孤寡四曜，人際關係不壞，只是精神和思想比較寂寞而已。

天虛天哭按年支起，一順行一逆行。《紫微斗數捷覽》訣云：

天哭天虛起午宮，午宮起子兩分蹤。
哭逆巳行虛順未，生年尋到便居中。

古訣略嫌累贅，筆者另定訣：

子年起午宮，

虛順哭逆行。

孤辰寡宿永遠相會，每三年跳宮。《紫微斗數捷覽》訣云：

寅卯辰人安巳丑，

巳午未人怕申辰。

申酉戌人居亥未，

亥子丑人寅戌嗔。

寅卯辰年生人，孤辰在巳，寡宿在丑，孤辰寡宿剛好夾住寅卯辰東方三宮。

餘此類推。

筆者另定一簡訣：

孤辰長生寡宿墓，
同夾年支配四方。

安天虛天哭孤辰寡宿

年支	天虛	天哭	孤辰	寡宿
子	午	午	寅	戌
丑	未	巳	寅	戌
寅	申	辰	巳	丑
卯	酉	卯	巳	丑
辰	戌	寅	巳	丑
巳	亥	丑	申	辰
午	子	子	申	辰
未	丑	亥	申	辰
申	寅	戌	亥	未
酉	卯	酉	亥	未
戌	辰	申	亥	未
亥	巳	未	寅	戌

（六）五惡三空

五惡曜是破碎、劫煞、蜚廉、陰煞、天月，不與其他雜曜構成對星關係。除天月之外，其餘四曜都沒有甚麼好處可言。

這五曜加上前述的天刑、天虛、天哭、孤辰、寡宿共十曜，如正曜星系不佳，再多加這十雜曜中好幾顆，就會助長凶燄。不過，雜曜始終作用較輕，只能助紂為虐，如果正曜助曜多吉利的話，就不必太過重視。

破碎主破財，也主失意，即是理想破滅。

破碎從出生年支起。《紫微斗數捷覽》訣云：

子午卯酉巳，
寅申巳亥雞。
辰戌丑未丑，
犯之財不宜。

即是由子年到亥年生人，在巳、丑、酉三宮輪佈四次（逆行三合金局）。

劫煞主劫財，指錢財被他人「劫奪」，即是突然發生令人破財的事情。

劫煞也是從出生年支起。《紫微斗年捷覽》訣云：

申子辰兮蛇開口，
亥卯未兮猴速走。
寅午戌兮豬面黑，
巳酉丑兮虎哮吼。

換言之，由子年起，按巳、寅、亥、申輪佈三次（逆行四長生）。

蜚廉主小人、是非口舌，帶有桃其花性質，又主蟲患。

蜚廉起例很簡單，子年起申宮、順行。

陰煞主小人陰損。起法從正月起寅，每月逆跳一宮。行寅子戌申午辰兩次。筆者所用簡訣為：「月寅逆跳。」

天月，主疾病，包括流行病、慢性病等。現代則可以從事醫療行業作化解，古代醫生地位低，因此天月一曜的性質有所改善。

天月從生月起，卻無簡單規律。訣云：

一犬二蛇三在龍，
四虎五羊六兔宮。
七豬八羊九在虎，
十馬冬犬臘寅中。

訣中「冬」指十一月，因遷就歌訣借用，以冬至建子之月之故。臘月是十二月的別稱。

筆者當年逐一記憶起各雜曜的歌訣，天月是比較麻煩的一曜。後來想到用數字代替地支。又因為天月不入子丑而入戌亥，於是將第十一位的戌改為一，第十二位的亥改為二，寅仍是第三位，新訣是：

一六五三八四，
二八三七一三。

當中一借為戌、二借為亥，共餘三寅、四卯等類推。

如此異想天開，是因為筆者小時候香港的固網電話號碼共六個字，所以最初記憶電話號碼就是六個數目字一組。將天月按出生月的起例，化成兩組六個數字，就近似於記住兩個電話號碼的功夫了。

安天月

生月	天月	數目
正	戌	1*
二	巳	6
三	辰	5
四	寅	3
五	未	8
六	卯	4
七	亥	2*
八	未	8
九	寅	3
十	午	7
十一	戌	1*
十二	寅	3

三空曜是天空、截路空亡（簡稱截空）和旬中空亡（簡稱旬空），都能破壞祿星（化祿和祿存）的財氣。

天空破壞祿星的力量比地空地劫輕得多，又主空想。良性的空想可以是思想獨特超脫，惡性的空想則是發白日夢。

天空從年支起，口訣很簡單。《紫微斗數捷覽》訣云：

駕前一位為天空。

原訣共四句，後三句為廢話，不錄。這訣後來多改為「歲前一位是天空」，即是出生年支的下一宮安天空，子年在丑、丑年在寅，餘此類推，至亥年在子。

截路空亡主阻礙，故名截路。從出生年干起。《紫微斗數捷覽》訣云：

甲己之歲空申酉，
乙庚之歲午未求。
丙辛生命空辰巳，
丁壬寅卯最堪憂。
戊癸生人空子丑，
命犯空忙萬事休。

訣中求、憂、休三字押韻。「萬事休」三字言過其實，只為遷就韻腳而已。

截空一星佔兩宮，但是陽年生人以陽宮為「正截空」，陰宮為「傍截空」；陰年生人反是，以陰宮為正，陽宮為傍。正空力強而傍空力弱，傍空可以置之不論。截空例不入戊亥兩宮。

安截路空亡

年干	正空	傍空
甲	申	酉
乙	未	午
丙	辰	巳
丁	卯	寅
戊	子	丑
己	酉	申
庚	午	未
辛	巳	辰
壬	寅	卯
癸	丑	子

旬中空亡主空洞不實，在斗數力弱，在子平力強。

旬中空亡以生年干支決定，《紫微斗數捷覽》訣云：

甲子旬中空戌亥，
甲戌旬中空申酉，
甲申旬中空午未，
甲午旬中空辰巳，
甲辰旬中空寅卯，
甲寅旬中空子丑。

甲子旬，是干支首十位，包括甲子、乙丑、丙寅、丁卯、戊辰、己巳、庚午、辛未、壬申、癸酉。十天干配十地支，餘下戌亥落空。其餘各旬類推。

如果用十二地支方盤，只需由生年干支順數到癸干，下兩個地支就安旬中空亡。用十二地支方盤數干支的辦法，可參考拙著《斗數詳批蔣介石》。

旬空和截空一樣分正空傍空，陽年生人陽宮為「正旬空」，陰年生人陰宮為「正旬空」。傍旬空亦可置之不論。

（七）三德二解

三德曜和二解神都屬吉星。

三德曜是龍德、天德、月德，都能消災、增福，不過只屬錦上添花，並不能起主導作用。龍德偏向政府公家的力量，於古代就是朝廷。天德多由男性，月德多由女性。

三德曜起例簡單，由出生年支決定。

龍德子年起未，按年順行。天德在前兩宮（子年起酉）、月德在後兩宮（子年起巳）。

斗數雜曜有兩顆解神，一按出生年支起，一按出生月起，故稱為年解神、月解神。簡稱年解、月解。

解神主排難解紛，消解麻煩。但是破財也是「財散人安樂」。解神遇天馬，則是感情解散，現代可能是離婚之兆。

年解按出生年支起，子年在戌宮，按年逆行。換言之，永遠與鳳閣同宮。

月解按出生月起，正月起申，每兩月前跳一宮，即以「申申戌戌子子寅寅辰辰午午」佈星。

簡訣是：「正月在申雙順跳。」

（八）華蓋、廚、巫

華蓋主文藝、哲學、宗教，出家人多見。最壞的情況是主喪禮。

華蓋仍出生年支起。《紫微斗數捷覽》訣云：

申子辰人辰上是，
巳酉丑人丑上藏。
亥卯未人未上是，
寅午戌人戌上當。

華蓋的起例是依子丑寅卯各年，按四墓「辰丑未戌」的次序逆佈三次。

天廚顧名思義，主烹飪、飲食，同時又主俸祿、津貼。按出生年干起，訣云：

甲丁食蛇口，
乙戊辛馬方。
丙從鼠口得，
己食於猴房。
庚食虎頭上，
壬雞癸豬堂。

安天廚

年干	甲	乙	丙	丁	戊	己	庚	辛	壬	癸
天廚	巳	午	子	巳	午	申	寅	午	酉	亥

這個口訣仍然不易記憶，於是筆者改為：

巳午子，

巳午申，

寅午酉亥。

天巫主遺產與陞遷。天巫按出生月起，訣云：

巳申寅亥天巫位，
分輪十二月星君。

即正五九月在巳，二六十月在申，三七十一月在寅，四八十二月在亥。筆者用圖像思維來記憶。在十二地支方盤上，按巳、申、寅、亥的次序，等於劃出一個英文字母最後一位的Z。

（九）天傷天使

天傷主消耗，天使主災病。
陽男陰女天傷在友屬宮、天使在疾厄宮。
陰男陽女天傷在疾厄宮、天使在友屬宮。

古籍將天傷天使說得太凶惡，其實大運走到友屬宮、疾厄宮或傷使夾地（遷移宮），已經是第六、七、八三個大運。古人平均壽元遠不及今人，所謂人生七十古來稀，這幾個大運當然大有可能是死運。至於流年行原局的友屬、遷移、疾厄三宮是否更容易死亡呢？應要進一步研究調查，才可以作定論。

第十一節　起博士、歲前、將前諸曜

紫微斗數共有四系各十二星的雜曜。長生十二神早已安在各宮的正下方。現在剩下三系都安在各宮的左下方。

（一）博士十二神（年干系）

博士十二神的起例，由祿存所在宮位起博士，陽男陰女順佈十二神，陰男陰女則逆佈。《紫微斗數捷覽》訣云：

博士力士青龍小，
將軍奏書飛廉杳。
喜神病符大耗星，
伏兵到處官符了。

安博士十二神

序號	流曜
1	博士
2	力士
3	青龍
4	小耗
5	將軍
6	奏書
7	飛廉
8	喜神
9	病符
10	大耗
11	伏兵
12	官府

（二）歲前十二神（年支系）

歲前十二神，又名太歲十二神，在出生年宮位起太歲，然後順佈十二神。訣云：

太歲晦氣喪門起，
貫索官符小耗比。
歲破龍德白虎神，
天德吊客病符止。

當中龍德與天德，即是前文四十雜曜中的同名星曜。

安歲前十二神

序號	流曜
1	太歲
2	晦氣
3	喪門
4	貫索
5	官符
6	小耗
7	歲破
8	龍德
9	白虎
10	天德
11	吊客
12	病符

（三）將前十二神

將前十二神按出生年支順佈十二宮。訣云：

將星三合起旺地，
攀鞍歲驛息神方。

華蓋劫災天三煞，
指背咸池月煞亡。

如申子辰年生人在子宮起將星，餘此類推。

當中歲驛即流年天馬。華蓋、劫煞、咸池三曜同樣已在前面四十雜曜已安星。

安將前十二星

序號	流曜
1	將星
2	攀鞍
3	歲驛
4	息神
5	華蓋
6	劫煞
7	災煞
8	天煞
9	指背
10	咸池
11	月煞
12	亡神

第十二節　小限與斗君

小限是用作輔助流年之用，筆者甚少使用。《紫微斗數捷覽》訣云：

寅午戌人辰上起，
申子辰人戌上推。
亥卯未人丑上是，
巳酉丑人未上歸。

寅午戌年生人，以辰宮為一歲小限，此後男順行、女逆行，即是男兩歲小限在巳宮，女則在卯宮，餘此類堆。

斗君，全名流年斗君，即是每年正月流月的所在宮位，每年正月的干支按流年天干決定。

《紫微斗數捷覽》斗君的起例云：

太歲宮中便起正，
逆回數至生月份。
本月順起子時位，
生時到處安斗君。

習慣上，只在命盤上安子年斗君。因為丑年斗君就在下一宮，餘此類推。
上訣可以簡化為：

逆月，順時。

以蘇軾為例，他是十二月卯時生。子年斗君先從子君逆數至十二月，即是丑宮。
再由丑宮順數至卯時，子年斗君即在辰宮。

讀者至此已了解起盤的全部過程。

此下為晉代超級富豪石崇（二四九至三零零）起斗數盤。他的夏曆出生年月日時是：

己巳年七月九日辰時

斗數盤：宋蘇軾命盤

<table>
<tr>
<td>祿存 ▲火星
天同 (祿)
封誥 截空
八座 破碎 天使
天官 劫煞 月德
癸巳 疾厄宮
73-82 病
劫煞 小耗 博士</td>
<td>▲擎羊
武曲 天府
天哭 天虛 月解
甲午 財帛宮
死
災煞 歲破 力士</td>
<td>文曲 文昌 (科)
太陰 太陽
大耗 龍德
乙未 子女宮
墓
天煞 龍德 青龍</td>
<td>地空
貪狼
蜚廉 天刑 旬空
丙申 夫妻宮
16-25 絕
白虎 小耗 指背</td>
</tr>
<tr>
<td>▲陀羅
破軍
陰煞 (斗)
龍池 華蓋
天壽 截空
壬辰 遷移宮 身宮
63-72 衰
華蓋 官符 官符</td>
<td colspan="2" rowspan="2">陽男
丙子年十二月十九日卯時
一零三七
宋蘇軾

命主：貪狼
身主：火星
火六局</td>
<td>天鉞
巨門 天機 (權)
天喜 天德
台輔 旬空
三台 咸池
丁酉 兄弟宮
胎
咸池 天德 將軍</td>
</tr>
<tr>
<td>左輔
天傷
紅鸞
辛卯 友屬宮
53-62 帝旺
息神 貫索 伏兵</td>
<td>天相 紫微
鳳閣 年解
天才 寡宿
戊戌 命宮
3-12 養
月煞 弔客 奏書</td>
</tr>
<tr>
<td>天馬 地劫
廉貞 (忌)
天月
孤辰
庚寅 田宅宮
43-52 臨官
歲驛 喪門 大耗</td>
<td>▲鈴星
天空
辛丑 田宅宮
33-42 冠帶
攀鞍 晦氣 病符</td>
<td>七殺
天貴
恩光 天廚
天福 天姚
庚子 福德宮
沐浴
將星 太歲 喜神</td>
<td>右弼 天魁
天梁
天巫
己亥 父母宮
13-12 長生
亡神 病符 蜚廉</td>
</tr>
</table>

<table>
<tr>
<td>▲陀羅
天梁 ㊖
年解 鳳閣 天壽
父母宮 己巳
病
指背 太歲 力士</td>
<td>文昌 祿存
七殺
封誥 三台
天空 咸池
福德宮 庚午
衰
咸池 晦氣 博士</td>
<td>▲火星 ▲擎羊 地空
蜚廉 天姚
田宅宮 辛未
帝旺
月煞 喪門 官符</td>
<td>文曲 ㊇ 天鉞
廉貞
孤辰 八座
天廚 截空
事業宮 壬申
臨官
亡神 貫索 伏兵</td>
</tr>
<tr>
<td>右弼
天相 紫微
寡宿 天喜
命宮 戊辰
3-12
死
天煞 病符 青龍</td>
<td colspan="2" rowspan="2">陰男
己巳年七月九日辰時
二四九
晉石崇

命主：貪狼
身主：火星
火六局</td>
<td>龍池 天才 天官
天使 截空 破碎
友屬宮 癸酉
冠帶
將星 官符 大耗</td>
</tr>
<tr>
<td>地劫
巨門 天機
天刑 天貴
兄弟宮 丁卯
13-22
墓
災煞 吊客 小耗</td>
<td>左輔
破軍
大耗 紅鸞 台輔
㊁ 月德 旬空
命宮 戊戌
3-12
養
攀鞍 小耗 病符</td>
</tr>
<tr>
<td>▲鈴星
貪狼 ㊍
陰煞 劫煞 天福
天巫 月解 天德
夫妻宮 丙寅
23-32
絕
劫煞 天德 將軍</td>
<td>太陰 太陽
天哭 恩光
子女宮 丁丑
33-42
胎
華蓋 白虎 奏書</td>
<td>天魁
天府 武曲 ㊗
龍德
財帛宮 身宮 丙子
33-42
養
息神 龍德 蜚廉</td>
<td>天馬
天同
天月 天虛
天傷 旬空
疾厄宮 己亥
53-62
長生
歲驛 歲破 喜神</td>
</tr>
</table>

第五章　正曜星系性質之轉化

第一節　十四正曜之組合

紫微斗數使用的「星曜」超逾百數，相互交涉之下，有大量不同組合的吉凶優劣要記憶。如果有大量資料記不住，又或者記得不夠細緻，根本就無法推算。星曜之中，最主要是十四正曜，其次是十四助曜和四化星，雜曜只在特別情況下有用。所以現在我們先從十四正曜入手。

許多斗數入門教科書都強調星曜的廟、旺、閒、陷，筆者不是全不重視，只不過現時流通的入門教科書已經講得很多，不必由筆者再重覆。而且十四正曜在十二宮的廟旺閒陷，常跟與那顆正曜同宮或對照影響，可以用其他方法記熟相同的材料。

十四正曜的組合，前文已提出先有兩套新的劃分方法，現在列為一表：

星系	紫府系	日月系
紫陽系	紫微 廉貞 武曲	太陽 天同 天機
府陰系	天府七殺 天相破軍 貪狼	太陰 天梁 天同

「紫府系」八曜和「日月系」六曜可以說是各立門戶，其中一組在「命身宮群」，另一組便在「六親宮群」。此外，「紫陽系」六曜相對位置固定，「府陰系」八曜亦然。

當紫微落入十二宮，就即時決定了其餘十一宮有那些正曜。宮中有一顆正曜，稱為「獨坐」；兩顆正曜，稱為「同宮」（或稱「同度」）；餘下就是「無正曜」，出現「空宮」。

紫微在寅申兩宮時，十二宮都有正曜，沒有空宮；紫微在巳亥兩宮時，空宮最多，共有四個。其餘紫微在子午、丑未、卯酉、辰戌八宮都是有兩個空宮。

乾隆帝的命盤，就是紫微七殺同宮在亥宮的基本盤，空宮特別多，所以「借星安宮」也特別多。

「紫府系」八曜又可以再分兩組。紫微、廉貞、武曲同時屬「紫陽系」；天府、天相、七殺、破軍、貪狼同時屬「府陰系」，這兩系的正曜有機會同宮。

現時許多不知紫微斗數為何物的人，都聽過「殺破狼」這個術語，甚至成為流行文化的題材。七殺、破軍、貪狼三曜常主變化，但是當紫廉武三曜與殺破狼三曜重疊時，變化可能更為猛烈，而天府天相就會獨坐。當紫廉武與府相重疊時，殺破狼就會獨坐而波動便沒有那麼大。當兩顆正曜同度時，性質疊加，不及一顆正曜獨坐那麼純粹。

例如紫微獨坐時，本宮只是紫微的本質。紫微七殺同宮，則「化氣為權」，增強星系的權力。紫微破軍同宮或紫微天相同宮，則古人有「為臣不忠、為子不孝」的評語。本書挑選的兩個命例剛好是這樣的基本格局，蘇軾是紫微天相在戌宮，石崇則是紫微天相在辰宮。紫微貪狼同宮，則容易構成「桃花犯主為至淫」的格局。紫微天府的同宮，則有可能構成「君臣慶會」的格局。

「日月系」方面，同時屬於「紫陽系」的太陽、天同、天機三曜不能同宮；同時屬於「府陰系」的太陰、天梁、巨門也不能同宮。兩系的正曜跟另一系交涉，所以太陽有機會跟太陰、天梁、巨門三曜同宮或對照。太陰也有機會跟太陽、天同、天機同宮或對照。

十四正曜是獨坐還是有其他正曜同宮，是影響星系性質的第一個重要原因，然後再加在甚麼宮位。例如紫微在子宮獨坐，跟在午宮獨坐就有先天的差異，紫微在午宮入廟，在子宮則是閒宮。前者容易構成富貴雙全的大格，後者就差得很遠。

第二節　四化星之影響

紫微斗數非常重視祿權科忌四化星，四化星令原來星曜的性質轉化。這個轉化也要看是那一顆正曜在子、丑、寅、卯等那一宮位，化成祿、權、科、忌那一顆化星。

第二章簡介十四正曜時，提出過正曜和助曜的「化氣」。當正曜化祿時可以增加富貴，化權、化科則一般增貴多於增富，化忌則增添許多麻煩阻滯。不過紫微斗數常有所謂「反格」，例如太陰在辰宮化祿，在特定條件下，卻成為「反背」的大格，由富變成大貴（見拙著《斗數詳批蔣介石》）。又如貪狼在申宮化忌，也是「反格」，因有巨門化權和太陰化科相夾，再兼會照破軍化祿和祿存，同時構成「科權夾命」和「雙祿交流」兩個吉格。

十四正曜之中，除了太陽、太陰、武曲、天機都是祿權科忌四化齊備之外，其餘各曜都欠一兩個化星。

為何如此？

且以紫微為例。

紫微壬干化權（壬梁紫府武）而乙干化科（乙機梁紫陰），不化祿也不化忌。

為何如此？

紫微是帝座，化氣為尊，所以不須化祿。由臣下去化祿就等於具備其他正曜自身化祿的好處。紫微永遠會照武曲和廉貞（例外是在卯酉宮借星安宮），這兩曜化祿就可以代替紫微去化祿了。此外，紫府系還有貪狼和破軍可以化祿，所以紫微會見貪狼化祿或破軍化祿亦可。

如果以中國歷史上的皇帝比方，則皇帝的工作範圍不在於自行賺錢，而在於作為一國的代表。東漢末的漢靈帝劉宏就是一個罕有在皇宮來經營市集的昏君，不務正業之至。

紫微是帝座，本身已有權力，再加與七殺同宮即化氣為權（所謂「七殺遇紫微為權」），所以自身化權時權力更重。

一般紫微斗數教科書都說紫微最喜歡化科，其實不可一概而論。身份皇帝而有名譽，當然可以比擬為有為明君。但是所有化科星遇上很壞的組合時，有可能轉化為純粹自尊心強烈而已，甚至可能變成不肯認錯的好勝心。

實情時紫微永遠會照武曲廉貞，壬干紫微化權自必然會上武曲化忌，紫微化權不及紫微化科，主要原因為是為了武曲同時化忌。

紫微不化忌。但是遇上沒有百官朝拱而成為「在野孤君」格，就等同有化忌的性質，如果煞忌重重，就會成為「無道孤君」格，人生命途便多逆境挫折，雖不化忌，亦與化忌無異。

再以天府為例，庚干化科（庚陽武府同），壬干也化科（陽武府同）。

天府不化祿，但是需要得祿，若會照紫府系的化祿（即武曲、廉貞、貪狼、破軍，唯是貪狼化祿要借星才能會得上）或祿存，就等於化祿。若天府不見祿，則天相見祿也可以補救，「財蔭夾印」亦可。天府化氣為庫，善於守財，最重要是庫藏充足。

天府不化權，金庫、錢庫本身不代表權力，運用財富的權力，在於掌管庫藏出納的人。不過天府是南斗主星，也喜歡百宮朝拱，有就等於化權。

因何天府會化科兩次？

一般說法是供武曲化忌和化權消耗。而且金庫、錢庫有似現代的銀行，銀行最重信用。銀行發的票據（包括流通的紙幣、支票等），必須做到保證兌現。天府化科在此就是庫房的信譽。

天府不化忌，沒有百官朝拱的空庫露庫等同化忌。不見祿是輕微的空庫，再見地空地劫則是嚴重的空庫。無祿而見煞重，則是露庫。空庫是庫房空虛，露庫近似庫房保安力不足，容易被盜賊搶劫爆竊。

再談天相。

天相不化祿，因為天相化氣為印，等於皇帝的印信，不管是誰掌管這個印信，蓋了章就算是皇命。所以前賢認為天相「遇吉則吉、遇凶則凶」。用現代言語，等於政治術語「橡皮圖章」。天府這個庫房有錢，蓋印就生效，可以提錢。天相不必化祿，只要見紫府系四曜化祿，會祿存，或天府得祿即可。

天相不必化權，只要見百宮朝拱就等於化權。

天相不必化科，因為印章玉璽本來就應該有信用，無需「出鋒頭」。

天相不化忌，「刑忌夾印」即似化忌。

再談談日月系的正曜。

天同化祿、化權、化忌而不化科。

天同化氣為福，偏向感情。化祿除了財加財祿之外，還會加強感情色彩。天同永遠會照天機，丙干天同化祿必然會天機化權（丙同機昌廉）。一般教科書都強調天機喜歡化權多過化祿和化科。其實真正原因是天機化權會天同化祿；天機化祿則有可能會太陰化忌（乙機梁紫陰）；天機化科雖然會天同化權，還有機會見巨門化忌（丁陰同機巨）。

天同可以化權，因為天同之福，必須經過努力才可以獲得，化權可以增加天同的聲勢。

天同不化科，因為天同之福，重在享受，感情與精神享受都不必大事張揚，也就不必要出名了。

天同化忌則是欲享福而受阻礙。

再談天同的對星天梁。

天梁化祿、化權、化科，卻不化忌，似乎很佔便宜。

不過，許多斗數教科書都認為天梁不喜化祿，其實這也不能一概而論。否則對壬年生人（壬梁紫府武）就很不公平了！因為大家都說武曲不喜化忌，連帶紫微也不甚喜化權，再加天梁不喜化祿，豈不是只有天府化科稍佳？

再看看癸年生人（癸破巨陰貪），破軍喜化祿，巨門喜化權，沒有特別強調太陰喜化科，但是有說貪狼最不怕化忌。寧有是理？

天梁沒有特別不喜化祿，反而加強了蔭庇之力，只是經商較多麻煩而已。可是現代社會結構和運作形態不似古代那麼簡單，人事關係之複雜遠超前代。我們活在現代都市化的社會，日常衣食住行，那有不麻煩之理？

通行的說法是天梁也不大喜歡化權，除了加強天梁的挑剔和主觀之外，另一個原因是必會太陰化忌（乙機梁紫陰）！財星化忌，當然或多或少會有不利。

天梁喜化科，除了常見的理由是天梁容易因批評旁人而招怨，故需化科增添信譽之外，其實還有因為天梁化科經常能解文曲化忌的毛病（己武貪梁曲）。

最後要強調一點，化忌的破壞力經常會超過三吉化的好處。因為四化星字面上是三吉一凶，每個人的命盤都有這四化星，如果三吉化可以抵銷化忌，世上還有貧賤凶夭的命嗎？

古訣：「祿逢衝破，吉處藏凶。」說明一顆化忌隨時可以破壞全局！

十四助曜名義上也是八吉六凶，如果能夠抵銷，則人人都行好運多過行惡運了。

第三節　十四助曜之吉凶損益

紫微斗數自面世以來，許多重要秘訣都沒有記載在流通較廣的古籍中。筆者以為二十世紀公開的紫微斗數秘訣中，以「安紫微訣」（由出生日和五行局起紫微）、「借星安宮」、「見星尋對」三項最為重要。

「借星安宮」和「見星尋對」在拙作《斗數詳批蔣介石》有介紹，現在梢為補充。

紫微天府在寅申宮的基本盤中，十二宮都有正曜，因此不需借星安宮；但是紫微七殺在巳亥宮的基本盤中，則有四個空宮要借星安宮，借星的結果是十四助曜和其他雜曜都一起借。假如沒有借星安宮，每顆助曜只影響到三方四正，有借星安宮的位，就影響到六個宮。

以乾隆帝的命盤為例，太陽巨門、天同太陰和天機天梁三組星都參加借星安宮，結果是鈴星、擎羊和陀羅都影響到所有六親宮位（文昌化忌和天魁亦然），令到全部陽宮（子寅辰午申戌）都見「三煞並照」。

但是辰宮的文曲化科和寅宮的天鉞都不參加借星安宮，於是文曲化科不照寅宮午宮，天鉞則不照子宮辰宮。

由於借星安宮，令到某些助曜增大了影響範圍。

還有是夾宮的問題，例如蘇軾的命盤，天魁在亥宮、天鉞在酉宮，原本只影響陰宮，但是剛好兩曜夾著戌宮，便構成「魁鉞夾命」，等於用多了一次。再加所夾的是紫微天相，兩正曜都喜歡吉星夾，力量更大。

「見星尋對」是另一個重要秘訣。十四助曜中，若只算數量，則六吉祿馬共八曜，比四煞空劫多了兩顆。

但是六吉星喜成對而不喜落單。文昌文曲、左輔右弼、天魁天鉞都不喜單星。換言之，「見星尋對」可以說主要針對六吉星而言，正曜的對星不怕見單星。祿存天馬對星也不怕。

有斗數教科書認為六吉星之中，文曲、右弼和天鉞帶有桃花性質，文昌、左輔和天魁則無。實情是六吉星不成對都有毛病，可能力量大幅減弱，也可能轉化為桃花，須視乎宮位和正曜再推算研判。

四煞空劫也分成三對，即擎羊陀羅、火星鈴星和地空地劫。四煞空劫不必成對亦有力，成對破壞更大。筆者的用法是地空地劫的破壞力不及四煞。四煞的影響，主要視乎正曜是什麼，可以分為三級。

紫微、天府、貪狼三正曜抵抗四煞的能力最強，最壞的情況是兩煞同宮，都未必會出現凶禍。

天相、武曲、太陽、太陰、天同、天梁六正曜屬中性，煞輕不妨，煞重不宜。

天機、巨門、廉貞、七殺、破軍五曜則甚怕煞，一煞同宮亦有可能抵受不住，三煞或四煞在外亦然。

以上是最簡化的論述，仍需視乎正曜星系和六吉四化的配合。

不同正曜對羊陀和火鈴又有不同的喜惡。

紫微畏羊陀多於畏火鈴，與貪狼同宮更不喜擎羊，可以構成「桃花犯主」格。

武曲則畏火鈴多見羊陀，貪狼同宮則是例外，因為貪狼喜歡火鈴。

四煞之間的組合又有不同的喜惡。

擎羊屬陽金、陀羅屬陰金；火星屬陽火、鈴星屬陰火。

擎羊配火星，是陽火煉陽金，常主受激發而成就事業。

陀羅配鈴星，是陰火煉陰金，常主經磨煉而成就事業。

激發則困難雖大而可能很快解決；磨煉則常會演變成長時間的煎熬。所以火羊的組合一般勝過鈴陀。

但是算紫微斗數常有例外。如「巨火擎羊」，即是巨門與火星擎羊兩曜同宮（火羊一同宮一對宮亦可），則巨門怕煞重，難堪激發，反主突而其來的嚴重破敗。又如「鈴昌陀武，限至投河」（又稱「鈴昌羅武」），即武曲星系同時見鈴星、文昌和陀羅，武曲或文昌化忌尤確，其他星曜化忌亦然。

擎羊配火星，陀羅配鈴星有可能令兩煞減凶，錯配就嚴重得多了。火星配陀羅可能變成經歷艱辛磨煉而未成大器，鈴星配擎羊則可能變成因激發而成災。

古訣：「七殺破軍，專依羊鈴之虐。」此訣不是隨便在四煞中找兩顆成句，還有暗中提示擎羊和鈴星不能匹配。加上正曜是特別怕煞的七殺或破軍，很可能嚴重到是橫死、凶死！

了解這個要訣之後，就可以明白三煞並照和四煞並照也有輕重之分。三煞並照的組合，即是羊陀火鈴之中缺一。如果有擎羊鈴星在對宮互衝，或陀羅火星在對宮互衝則煞更重。反之，擎羊火星對照，陀羅鈴星對照稱輕。

四煞並照也是用這個原則評價，火羊一組、鈴陀一組，各立門戶則輕；火陀、羊鈴同宮或對照則更重。

總結十四正曜、十四助曜和四化星的組合，需要留意四煞和化忌五曜的組合，以判斷那些宮位特別差劣。一般兩煞加化忌，就近似三煞並照之凶，甚或超過了。

第六章　十二宮推斷淺說

第一節　命身宮群

古人論命，重在妻、財、子、祿四項。在中國自古男人主導的社會，傳宗接代至為重要，所以妻妾運、子嗣運是推算重點。人要能生存，起碼要得溫飽，所以無財不行。祿，在此指壽元，那就涉及健康了。至於做官出仕，則可以歸入財運。

紫微斗數將星曜分在十二宮，各宮反映人生某個範疇的運程。

上文介紹過命宮和身宮的關係，以及趨避的基本原則。此下再談命身宮群六宮的推算。

命宮之外，還有福德宮、事業宮、遷移宮、財帛宮和夫妻宮。

先談三組對宮。

命宮與遷移宮相對，顯示遷移對人生運程的影響何等重大。

夫妻宮與事業宮相對，夫妻宮反映人的感情生活和婚姻，事業宮舊稱官祿宮，於現代人則反映當事人工作是否順利，工作範圍是廣是狹，工作崗位是重是輕，工作成就是大是小等等。夫妻宮與事業宮互相影響，說明事業對感情和家庭的影響，二十世紀越來越多的「女強人」最能體會當中的細微凹凸處！

福德宮主人一生享受，尤主精神生活，自然與財帛宮互相影響，一主精神、一主物質。財帛宮的帛，解作布帛，唐代以初，布匹可以當作貨幣使用。財帛宮反映人一生積財、理財、用財的情況。

此外，命宮、事業宮、財帛宮在三方相會；夫妻宮、福德宮、遷移宮也在三方相會。

推算當事人命格高下，必須將命宮和福德宮合參。因為福德宮與夫妻宮會照，換言之，命宮其實也間接受福德宮和夫妻宮影響。

人的品格和智力，都可以由命宮、身宮和福德宮反映。若命宮遠勝福德宮，則可能實際運程順利而精神生活多欠缺，這在工作煩重的現代都市人甚為平常。

若福德宮遠勝命宮，則實際運程多不順遂，精神生活卻維持快樂狀態，那是安貧樂道的命格了。

夫妻宮反映當事人的感情生活和婚姻生活，必須與命宮同參。有些時候初學者僅僅以夫妻宮的星曜組合來考慮，頂多再參考福德宮，不知命宮也同樣重要！如果命宮的星系組合已顯示出當事人的人際關係有大毛病，或者六親緣薄，傾向孤獨人生，就會影響到夫妻宮。

如果夫妻宮有缺點，顯示當事人應該遲婚，也可以選擇夫妻宮平穩的大運發展感情和成家。若是連續多個大運夫妻宮都差劣，就要考慮不結婚。雖然現代男女日趨平等，婦女有較多情人，或者離婚再嫁已經是平常事，不過女性有可能懷孕而男性無此顧慮，未婚媽媽或者婦女有了小孩之後與丈夫離異，總是難以處理和解決的負擔，因此夫妻宮對女命的影響始終大於男命。

現代社會容許自由戀愛，男女之間的關係也變得隨便，婚前性行為、婚外性行為等古人視為「非禮成婚」的情況越來越普遍，也越來越複雜。初學者不可以隨便判斷當事人有多重婚姻。

命宮與遷移宮的關係比較簡單，若兩宮皆吉，則留在出生地或移民外國發展都相差遠。命宮遠勝遷移宮，當然以不移民為佳，但是若要到外國留學或者短期工作，仍可以挑選有利的大運流年外出，不必過於拘泥。如果遷移宮遠勝命宮，應該謀求離開出生地，不出國亦宜穿州過省，遷無可遷則應選擇較為流動的工作，如多外勤、多出差的職務。

交通意外則在命宮和遷移宮反映，如古訣：「廉貞七殺同宮，路上埋屍。」在命宮或遷移宮見即主客死異鄉，有可能是交通意外。又如：「鈴昌陀武，限至投河。」則主意外，不一定是溺水而死。

命宮跟事業宮和財帛宮永遠三合會照。擇業時應三宮合參。如果事業宮和財帛宮都不利，則當事人事業財帛兩不得志，只可以在特別好的大運流年才適宜大展鴻圖。

如果事業宮遠勝財帛宮，可能事業宮格局高、氣派大，且多見吉化吉曜，財帛宮則有破財、受騙的傾向。這時就應該利用事業宮的好處，不妨擴大場面，但是不宜過度借貸、不宜投機，甚至大額投資也不宜。具體可能是在大機構領一份固定薪水，努力上游，謀求高職厚薪。

如果財帛宮遠勝事業宮，可能財帛宮見進財順利，事業宮則局面不大。此時就應該利用財帛宮的好處而避免令事業場面過大。具體可能是從事現錢流通量較大的零售業，或者投資獲利，以財生財。

仍需注意，事業的局面仍需命宮與事業宮合參；財運仍需命宮與財帛宮合參。

第二節　六親宮群

「六親宮群」共為父母宮、田宅宮、友屬宮、疾厄宮、子女宮和兄弟宮六宮。父母宮與疾厄宮相對，顯示當事人的先天體質來自父母的遺傳，體質強弱影響人一生的健康。

田宅宮與子女宮相對，顯示個人的田宅由子女輩繼承。

兄弟宮與友屬宮相對，代表平輩好友與其他朋友下屬互相影響。

父母宮、子女宮、友屬宮永遠在三方會照，友屬宮古稱奴僕宮，前賢因應傳統的奴婢制度式微而改為交友宮，在大家庭則父母、自身和子女三代人都由同一批僕人照料。

此外，兄弟宮、疾厄宮和田宅宮永遠在三方會照。顯示兄弟與自身有相同遺傳而體質相近，同時會牽涉入物業的關係，還有疾病每每跟居住環境有關。

夫妻宮不在六親宮位，原因是配偶雖親，卻是沒有血緣關係的「外人」。按現代科學的說法，父母的基因與當事人有一半相同，子女亦然，兄弟姊妹則只有四分一。

此下，逐一談談各宮位。

田宅宮可以反映許多事情。

第一是家族出身，這方面要與父母宮合參（如前例談乾隆帝出身貴顯家庭）。第二是家宅運，少年時兼看父母宮和兄弟宮；成家分爨之後，則與子女宮合參，不必理會兄弟宮。

第三是家居環境，這時可以只以田宅宮星系為主。

第四是購置物業的運程，這方面要與命宮和財帛宮合參。現代人發財，常以房地產投資收益為最大宗，所以看富命有時田宅宮比財帛宮更有力。

第四是工作環境，即服務機構，有時會牽涉與共事者的關係，這時要與事業宮合參。若是國家元首、政府領袖，田宅宮就可以間接反映國運。

再談父母宮。

父母宮要與命宮合參，第一反映當事人與父母的關係優劣，包括感情和相處；第二反映與父母的緣份深淺，如果緣薄，輕則聚少離多，重則生離死別，如重拜父母、少年刑剋等。所謂重拜父母可以包括被父母遺棄後被人領養，或父死後母再嫁之類。生離死別都要兼看命宮和父母宮，兩宮都見煞，而且大運流年不利方可斷定。凡父母存活，除了父母宮之外，還要兼看命盤上的太陽太陰，太陽主父、太陰主母。如果父母宮出現少年刑剋，須以太陽太陰兩曜的情況判斷，包括兩曜見煞孰輕孰重，是廟是陷和有沒有化忌等。這個與太陽太陰落命盤上在何宮無關。

凡兩重父母，多牽涉六吉星中的單星，尤其是見對星加單星。如六吉星中共見一對半、一對加兩單、兩對半之類。但是有時對星太多也可能反映兩重父母。明清兩代婦女不容易再婚，男人卻可以納妾。現代人際關係複雜，兩重父母可以表徵為父親有多過一妻或離後再聚；也可以是母親有多過一夫，離後再嫁、夫死後改嫁都是。

父母宮又可以用作推斷當事人與上司的關係，有近似老師關係的上司更甚。如果父母已過身，則父母宮所反映的人際關係會應在上司或師徒關係密切的老師，如正式拜師的師父，但不包括一般教師和學生的關係。有些人工作性質很獨立，並無實際意義的上司，那麼「上司」可能轉化為監管機構。在商人可能是政府部門，如稅局；在專業人士則是相關的專業團體，如律師、會計師、醫生都受本行業的法定團體監管。

再談兄弟宮。

有前賢將兄弟宮更名為兄弟姊妹宮，但是一般仍稱兄弟宮。跟父母宮一樣，看兄弟要參考太陽，看姊妹要參考太陰。不過當中有一個秘訣，就是凡看當事人與兄弟姊妹的關係，必須先看命宮和父母宮，然後才看兄弟宮。當中的原因很簡單，兄弟姊妹和自身都由父母所生，先有父母然後才有兄弟。換個角度來看，必先有兩重父母，然後才有同父異母或同母異父的兄弟姊妹。

所以，初學者不可以單憑兄弟宮見六吉星單星或一對半等組合，就輕率推斷當事人有同父異母或同母異父的兄弟姊妹。

兄弟宮又可以顯示當事人與平輩朋友的關係，這與友屬宮的差別在於兄弟宮主關係更親密的朋友，如有同門之誼的師兄弟（不包括一般同學），以及生意上地位相當的合作伴伴等。

算親兄弟和好朋友的差異在於，親兄弟要先看父母宮，平輩好友則兼看友屬宮。

再談子女宮。

聰明的讀者至此應該可以舉一反三，算知道親生子女要先看夫妻宮和命宮！因為先有夫妻，然後才有子女。這裡講的夫妻僅指實際的夫妻關係而不是法律上的夫妻名份。畢竟行夫妻之事，才可以生兒育女。

子女宮又可以看門生弟子，甚至學生。有些命格夫妻宮顯示不能成家（包括出家人的命格），子女宮卻人材濟濟，那就一定是門生弟子了。

子女宮又可以看有近似師徒關係的下屬，這時就要與友屬宮合參。

夫妻宮不在六親之列，原因是夫妻之間沒有血緣關係。我們每一個人的基因，都是一半來自父親、一半來自母親。人們的兄弟姊妹，則平均有四分之一基因相同。至於子女，也是每一個都因自身和配偶賦予一半基因。

再談友屬宮。

友屬宮古稱奴僕宮，後改為交友宮，筆者認為改作友屬宮較為洽當，即是朋友加下屬。本宮反映當事人的下屬（沒有近似師徒情誼的才算）和一般朋友的關係。

最後是疾厄宮。

本宮本主要反映當事人的健康，以及疾病傾向，這方面也需要與命宮合參。顯示某種疾病的星系組合，無論在命宮或疾厄宮出現皆主克應。精神病則兼視福德宮。

還有意外（包括交通意外）和災禍（包括凶殺、橫死等），同樣的星系在命宮也主克應。

第七章　推斷實例：蘇軾與石崇

第一節　評價大運之基本原則

在未具體討論蘇軾與石崇的命格之前，先談一談推斷大運的原則。推斷大運的實例在拙著《斗數詳批蔣介石》已有介紹，讀者可以參考。

前文提過，算紫微斗數重視四化，本命有一套四化，大運也有一套四化。兩套四化合起來，人生總有一些大運見祿權科三吉化齊會。到了流年，有二套四化，更容易祿權科會。為什麼有些人行祿權科會的大運流年時飛黃騰遠，有些人行祿權科會的大運流年卻無甚發展呢？

初學者萬萬不可以忘記了原局的結構。原局是根基，大運流年則反映時勢的順逆。

現在將本命和大運簡化為吉與凶兩種性質。於是有命吉運吉、命吉運凶、命凶運吉、命凶運凶四種組合。列為一表：

運／命	吉	凶
吉	名成利就	阻滯失意
凶	片時得意	災禍破敗

本命吉、大運吉：是名成利就的好運。

本命吉、大運凶：則因為本命是根基，大運凶只是一時失意，不為大害。

本命凶、大運吉：則因為格局所限，只能是稍為順遂，可得溫飽，不能大發。

本命凶、大運凶：是災禍立至的惡運。

將命與運單純分為吉凶兩類，當然會失諸粗疏，只不過聊作討論的起步點。吉凶之外，還可以加一項「中平」，即是平平庸庸的命格或運勢，當然吉、中平、凶仍嫌過於簡化。列為一表：

命＼運	吉	中平	凶
吉	名成利就	平穩發展	阻滯失意
中平	主動趨吉	可吉可凶	謹慎避凶
凶	片時得意	常陷悶局	災禍破敗

表中的解說僅屬隨便舉例，讀者不宜執實。

大吉和大凶的命相對容易推算，中平的命則變化可以很大，比較難算。只分吉凶兩項，二二如四，共四個組合。加多中平一項，三三歸九，多了五個組合。

本命吉，大運中平，還可以有許多變化。如果當事人已發，即是先前已行了吉運，事業已見成就，財帛早有累積，再行一個中平運也可以持續平穩發展。有可能事業更上層樓，財帛越積越多。如果當事人未發，即是先前未行吉運，此時行一個中平運可能還是沒有突破。

本命凶，大運中平，則更難有突破，如果先前已走凶運，已見破敗，再走中平運則多數無力東山再起。

中平命最難推算，卻最有推算價值。平常人人掛在口邊的所謂「趨吉避凶」，對中平命最為要緊。吉運積極趨吉、凶運主動避凶，正正是改善人生際遇的關鍵。

中平命人行吉運，應要預防錯過機會。因為吉命自有吉運，通常容易把握，中平命則不然，如果一生只有一兩次飛黃騰達的機會，錯過了就難以補救。

中平命人行凶運，應要預防大破敗，這正正是算命的意義所在。

中平命人行中平運，亦要視前運吉凶，若已發則可以持盈保泰，若未發可能難有進步。

將命與運簡單分成三類，仍嫌過於簡化，在此只是簡介基本原則。命也好，運也好，還有「吉處藏凶」、「凶處藏吉」、「小吉」、「小凶」等等多種「定性分析」，願讀者心領神會，不可執實。

例如「小凶命」或「中平命」，行一個「吉處藏凶」的大運，有可能表徵為一時好運而誤入歧途，導致破壞後運。例如誤交損友而一時發財，因而沾染不良習慣，或人格轉壞，都可能發展成為「因福得禍」。

當然，上文講的吉與凶講得很籠統。

吉是吉到什麼程度？吉凶七三開還是八二開？

吉是那一方面的吉？宜動還是宜靜？宜進取還是宜保守？

這些思考方向，僅供讀者參考，當中涉及陰陽平行的中和狀態。

第二節　三方四正之損益

蘇軾與石崇都是紫微天相守命，蘇軾在戌宮、石崇在辰宮，佈局剛好相反。古訣有指紫微在辰戌丑未遇破軍，為臣不忠，為子不孝。如果只看命宮三方四正的配合，似乎不忠不孝之人，應該是蘇東坡！

蘇軾命宮只見龍池鳳閣一對雜曜，不致於成為在野孤君的格局。遷移宮破軍陀羅，事業宮廉貞化忌天馬地劫，財帛宮武曲天府擎羊，構成「羊陀照射」和「忌化相衝」（陀羅化氣為忌，再加化忌是為忌化相衝）兩個不良組合。財帛宮空庫露庫（天府無祿見煞及地劫），生財積財不順；事業宮廉貞化忌，馬落空亡（地劫也是空曜之一），奔波少成；可謂事業財帛兩不得志！身宮在遷移宮，破軍無祿，陀羅同度，故一生飄泊，流離失所。

夫妻宮貪狼化忌，會陀羅，空劫、天刑，桃花減輕，妻室多刑剋。福德宮七殺會羊陀，雖然天福同度，一生福澤仍有欠缺。

縱合蘇軾命盤中六吉星、化祿和祿存不落陽宮，令紫府系各喜祿的正曜（天府、天相、破軍）都不得祿。初步可以推斷命身宮群的性質都轉為惡性。

石崇命宮的三方四正則不同，六吉星共見其五，左輔右弼對星，天魁天鉞對星，文曲化忌單星，合百官朝拱之格，一生富貴可期。

身宮在財帛宮，武曲化祿見祿存，雙祿交流，不見地空地劫，會中宮截空是傍空，可以不理。只對宮一點天空，可以許為富貴雙全的格局。

石崇命盤的基本佈局與蘇軾剛好相反，化祿、祿存和六吉星都落在陽宮，紫府系正曜全部見祿（化祿或祿存）。命身宮三方四正不見羊陀火鈴四煞，初步可以推斷命身宮群的性質都轉為良惡。

話雖如此，紫微天相在辰戌兩宮安命為弱宮（這裡弱宮指格局易有缺憾），其中一個原因是六吉星不容易配合。

命宮六吉星見兩對半，見文曲化忌而不見文昌，這顆單星便成為命格中的病根！文昌或文曲化忌，都不喜成為單星。

身宮財帛宮亦見兩對半，見右弼而不見左輔，文昌文曲對星雖然減輕文曲化忌的破壞，但是仍然形成「祿逢衝破、吉處藏凶」的結構。

事業宮見一對兩單，天魁天鉞，見右弼不見左輔，見文曲化忌不見文昌。

遷移宮見一對半，左輔右弼和文昌。

夫妻宮見一對兩單，文昌文曲，左輔、天鉞。

福德宮則是三顆單星，文昌、左輔、天魁。

綜合而言命身宮群六宮都見單星，所以全部有缺憾。

蘇軾和石崇的命盤，吉星過於聚集，都不過乾隆帝那樣，三吉化和六吉星都分佈在命身宮群和六親宮群。

研究古人命例，是為印證理論、練習推理。

在此提醒讀者，必須經過一定數量的實例推斷，才可以為身邊的親友算命，還應該牢記以下原則。

如果命格看上去很好，就應該找出最壞的宮位，預防在不利的大運流年破敗。

如果命格看上去很壞，就應該找出最好的宮位，謀求發揮那些宮位的好處，以改善命運。

第三節　借星安宮之轉化

筆者未起蘇軾的命盤時，直覺就猜想蘇軾極有可能是文昌化科照命，豈料文昌化科卻落在子女宮。

原來紫微斗數十四正曜之中，有些正曜本身已帶有聰明的性質，不必再見文星。所謂文星，共有六顆，助曜是文昌、文曲，化曜是化科，雜曜是龍池鳳閣。

主星在命多主聰明，即紫微、天府和日生人太陽、夜生人太陰。

一般來說紫微太陽的聰明較為外露；天府太陰的聰明則較為內斂。

天機入廟則屬機敏型，善計謀策劃；天梁入廟則屬精細型，善批評挑剔。

蘇軾命宮見龍池鳳閣對照，再加天才，同加上正曜是紫微天相，故為人聰明。

雖然命宮不見六吉，但是天魁天鉞夾名，不算在野孤君。但是只得天魁天鉞、龍池鳳閣兩對星，不夠百官朝拱。

他的命格屬奇格，以文昌化科落在未宮子女宮之故。如果不諳「借星安宮」，就不知道當中的好處。未借星之前，財帛宮已有天同化祿和文昌化科相夾，是為「祿科夾」；夫妻宮則有文昌化科和天機化權相夾，是為「科權夾」。故此能改善財帛宮、夫妻宮兩宮的星系組合。

不過，一個宮位的吉格和凶格不能互相抵消而只會疊加，所以財帛宮顯示蘇軾一生貧窮不能改變，只是能夠在逆境之中節儉持家，勉強維持。至於夫妻宮則因科權夾而令夫妻感情深厚，但是不能化解刑剋，故先後兩妻一妾（正室王弗、繼室王閏之姊妹及妾侍朝雲），都是賢惠而壽短。

蘇軾的遷移宮同時是身宮，破軍無祿見煞，是為「無根」。卯宮空宮借對宮天機化權巨門，形成「祿權夾」，故此在外雖然顛沛流離，卻得益友。事業宮原本大凶，因丑卯兩宮皆空，借星後又得科權火，表徵仕途坎坷而政績斐然，杭州西湖的蘇堤即是蘇軾知杭州時（知在此作動詞用，管理之義，宋代州的長官都稱為「知某州事」，清代則稱為「某州知州」）的貢獻。

總計蘇軾的命盤有魁鉞夾命、祿科夾財帛宮、科權夾夫妻宮、科權借夾事業宮、祿權夾遷移宮。一生大志未伸，事業仍有一定成就。

石崇命盤的結構截然不同，丑宮太陽太陰和卯宮天機巨門都不帶吉化吉曜，借到未宮酉宮後並無增益，倒是卯宮的助曜地劫、雜曜天刑擴大了影響範圍。

第四節　六親宮位

蘇軾的三吉化和六吉星都落在六親宮群，文昌文曲隨正曜太陽太陰借星，天鉞則隨正曜天機巨門借星，因此對各個陰宮都利。父母、兄弟、子女都聰明能文。蘇軾與父蘇洵、弟蘇轍再列唐宋古文八大家之列。當中唐代是韓愈、柳宗元，宋代還有歐陽修、王安石和曾鞏，宋代六大家之中，他蘇家佔了一半！蘇軾三子都能文。第三子蘇過更號「小蘇」，詩文俱佳，時人稱為「小坡」，以別於蘇東坡這個「老坡」，只是其文名被祖父叔蓋過而已。至於蘇軾交遊的朋友，都是一時雋彥。

蘇軾兄弟姊妹刑剋甚重，共有一兄三姊，都早逝，只有幼弟蘇轍長大成人。民間故事中的蘇小妹並無其人其事。

蘇軾兄弟宮天機巨門在酉，火鈴照射，已見刑剋的條件。第一大運戊戌，兄弟宮天機化權再化忌，故主兄弟姊妹中有夭亡。讀者須注意，原局天機化權不能抵消化忌的影響，反而加強化忌的力度。否則大運多一套祿權科忌，吉化與化忌的數量差異更大，人人都吉多凶少了。

蘇軾的父母宮和子女宮都見六吉齊會，故此受父母教益甚多，子女得力。四十四歲「烏臺詩案」時，長子蘇邁打點大小事務，五十九歲被貶海南島時，三子蘇過陪伴侍奉。

蘇軾疾厄宮天同化祿疊祿，多見六吉（共兩對半），不畏火鈴照射，故主身體健壯而少災病。雖然一再被貶窮鄉捱苦，仍能活到六十六歲（虛齡）。

石崇的六親宮位不見六吉星，只父母宮有天梁化科，貴吉雜曜則見龍池鳳閣、恩光天貴兩對星，故出身豪門。父親石苞是西晉開國功臣。疾厄宮、子女宮都見三煞並照。疾厄宮煞重，有時可以表徵為災厄而不是疾病。石崇的下場是被抄家滅族。

第五節　大運簡述

本書不打其逐一分析蘇軾和石崇的大運，否則又可以寫一本專書。在此，只約略談一談。

蘇軾命宮三方四正，事業宮、財帛宮都有缺點。因為紫微天相守命，大運亦喜百宮朝拱，因為陰宮多見吉曜，原本行亥宮、丑宮和卯宮都遇上。可是未宮這顆文昌化科雖然令夫妻宮、財帛宮、事業宮都變成吉夾，但是也成為一生運程的病根。

己亥運命宮天梁化科，未宮文曲化忌，是大運的財帛宮，文昌化科、文曲化忌，仍得以在本運考取進士功名。一零五七年丁酉，是年二十二歲，高中而喪母（讀者可以參考《斗數詳批蔣介石》的示例，看看蘇軾己亥運丁酉年的父母宮）。

丑運和卯運都是辛干，文曲化科文昌化忌，因為未宮本來有文昌化科，於是兩次行辛干運都會照未宮兩科一忌。但是兩科一忌不能抵消，反而因為文昌化科再化忌而表徵為因文章惹禍。

蘇軾的命局有紫微天相，已經點點自尊自傲的性格，福德宮七殺會羊陀，再見地空、旬空、截空，思想更加超脫，同宮恩光天貴加強個人榮譽感，恃才傲物，一生直言，故此不斷招惹是非怨尤。前文提及四十四歲己未發生「烏臺詩案」，幾遭不測。庚寅大運廉貞化忌，化氣為囚，故身陷囹圄，福德宮破軍對紫微天相，一度意圖自殺。原局福德七殺，殺破狼會而見煞，自然動蕩不安。流年己未，又是文曲化忌衝起流年擎羊，大運陀羅，是為「羊陀疊併」，因言語誤會，差點自殺。

原來入獄之初，蘇軾自備金丹（道家的外丹，多含有毒礦物，不能多服），預備自盡之用，與長子蘇邁約定如果送來食物有魚，即是被判成死罪。一個多月後蘇邁錢用盡，要出外「撲水」（廣府話籌錢之意），托親人代為送飯。卻忘記了交帶「暗號」，那親人卻找來鮮魚，讓蘇軾無端嚇破了膽。好在沒有魯莽自殺。文曲化忌除了主文書失誤之外，亦常為語言誤會。

石崇之發富，許多教科書上都說他在任荊州刺史時劫略商旅時發大財。所據是王隱《晉書》：「石崇為荊州刺史，劫奪殺人，以致巨富。」

石崇之父石苞（？至二七三）臨終時，將遺產分給其他兒子，唯獨第六子石崇不給，他認為石崇可以自己發財。石崇時年二十五，在丙寅運。他在晉惠帝時才任荊州刺史，但是於晉武帝在位時已經生活豪奢，查晉武帝崩於二九零年庚戌，石崇時年四十二，仍在丁丑運未。換言之，他在丁丑運已經富逾帝主，卻到了丙子運才外放為荊州刺史，也在這運最後一年喪命。

石崇的命格大富，第三運丙寅，原局貪狼化權鈴星，會午宮七殺，是為「鈴貪格」，主暴發。原來這個運的最後兩年，石崇奉命參予伐吳之役，平吳有功。

三國時代結束，晉武帝重新統一中國。因此可以斷定，石崇的「第一桶金」來自私取吳國的金錢財貨！

然後丁丑運太陰化祿，又得武曲化祿、貪狼化權相夾，財運自然亨通。正史和筆記小說中講述石崇的富氣故事，都在這個大運發生。

《世說新語．汰侈》有一則講石崇宴客，命美人行酒，客人若不「乾杯」，即立時斬殺！

王導（二七六至三三九，東晉名相）與堂兄王敦（二六六至三二四，東晉時發動叛亂）曾經到石家作客。王導酒量淺，不忍美人無辜喪命，最終強飲至大醉。王敦則故意不飲，看看石崇怎樣處理，結果連斬三女亦不肯飲。王導責怪堂兄，王敦卻說石崇殺自家人，不關王導的事！可見石崇之冷血不仁。

石崇第三個大運是鈴貪格，第四個大運祿權夾太陰化祿，第五個大運在原局財帛宮，雙祿交流，卻死於非命。因為原局武曲天府「祿逢衝破」，大運加會廉貞化忌文曲化忌，加劇「祿逢衝破」的力量，廉貞化氣為囚，又為血光之災。本命疾厄宮天同會三煞，大運疾厄宮（未宮）又見火星擎羊同宮。流年庚申，命宮廉貞化忌文曲化忌，被流年羊陀所夾，流年疾厄宮在卯，天機巨門會原局火羊，再加流年羊陀，故死於非命。

回到第三個大運，福德宮紫微天相，原局七殺，紫微降七殺為權，福德宮更見偏枯。再加被大運遷移宮廉貞化忌文曲化忌影響，這個大運暴發之同時，養成偏狹的性格，這在西晉初年社會上下豪奢的風氣自下，自然不能自拔了。

蘇軾與石崇的命格是正曜星系相同，反差卻極大。

蘇軾一生忠君愛民，家庭和順，怎會是「為臣不忠、為子不孝」呢？可見相關的古訣大有問題。

石崇也是讀書人，唐代以前中國官制文武不分途，石崇允文允武，能夠帶兵打仗。他的家教如何，沒有文獻證據助談，不過石苞的安排比較奇怪。

石崇命盤原局福德宮七殺見化祿、化權、左輔、文昌、天魁三顆單星，煞星只見鈴星。不獨助曜見三單星，雜曜亦然，見三台不見八座，見封誥不見台輔，更加添了偏執色彩。這樣偏枯的結構，後天人事影響至重。

石崇發富之後，不自惜福修德，反而瘋狂浪費財物，更濫權亂殺家人。

石崇的下場，是權臣趙王司馬倫的下屬孫秀看中了石崇的美妓綠珠，石崇不肯相讓，因而惹禍。石崇被捕之後，還以為罪不過流徙南方交州、廣州之地，被帶到刑場時，才嘆息說陷害他的人貪他的財富。收押的官員搭嘴說：「知財致害，何不早散之？」問得石崇啞口無言。

附錄：斗數與統計

原載《文匯報》〈琴台客聚〉

我未之見也！

小朋友問：「紫微斗數是不是一門跟統計學關係密切的算命術？」

如果要用一句最簡單的話來答這個問題，必然是：「那是敷衍外行人的話！」完全不是那麼的一回事！

中國傳統術數向來以醫、卜、星、相來劃分。星是星命之學，所有算命術都屬於「星」的範疇，因為古代的算命術都跟天星有關。現時歐美最流行的算命術是所謂「西洋占星」（astrology），以當事人出世時太陽月亮和各大行星在黃道十二宮的位置來預測人的性格和一生吉凶。中國古代推算人生祿命的術數，最重要的是「七政四餘」，又名「五星」，跟西洋占星有同亦有異。同者，如磨蠍、獅子等宮都是共用。但是星的性質就不同，例如我們地球的近鄰火星（Mars）在西洋占星是希臘羅馬神話的戰神，運動健將的占星圖中，火星多在強位。中國人稱之為「熒惑」，常主火災。因為皇家禁止民間使用占星術，後來發展出不必理會天星而只按出生年月日時的干支來推算命運的「子平」（俗稱八字）。紫微斗數則是源於占星而又不是占星的一門新興術數。

不論中西占星、子平和斗數都跟現代統計學無關，用句新腔濫調，就是所有人都在「知其然而不知其所以然」。換言之，研究使用這些算命術數的人都是只知道怎樣運用，卻不知道為甚麼如此。比如說，西洋占星中，金星（Venus，即希臘羅馬神話的愛神維納斯）為甚麼代表女性和愛情？七政四餘中的金星又為甚麼代表兵事？子平八字中，為甚麼甲乙日生人屬木，丙丁日生人屬火？紫微斗數中，為甚麼紫微按時辰交替而「跳動」，左輔星又為甚麼每月過一宮？筆者敢說，眾大師只能答一句：「這是師傳。當初老師也沒有解釋過為甚麼。」

自從清中葉西力衝擊中國，中國受列強宰割，令到許多國人對傳統舊學失去信心。二十世紀之交，西式學制開始成為中國教育主流，「科學」便成為二十世紀中國讀書人既敬且畏的口號。大部份人都害怕被人指責為「不科學」。二十世紀的上半葉，許多接觸過西學的人都要廢除中國的舊迷信，醫卜星相講的基礎「學理」是陰陽五行，跟西方自然科學的物理、化學大異其趣，連實實在在功效顯著的中醫中藥都要禁用，經常似是而非、玄而又玄的卜、星、相就更受打擊了。

紫微斗數比子平八字晚出，子平尚且有陰陽五行與春夏秋冬四時的旺衰交涉，紫微斗數的學理則相對鬆散。若說紫微斗數的星曜性質是從統計得出，則潘國森可以大膽的說，那是敷衍外行人的話而已。有些人知道紫微斗數有可能幫助自己面對人生的抉擇，但又怕被人譏笑為「迷信」和「不科學」。則操此術者，用「統計學」來安撫當事人的情緒，實在無可厚非。有沒有前輩或當代名家真的用「統計學」來研究紫微斗數？借用孔子的話：「蓋有之矣，我未之見也！」（可能有吧，但是我還沒有見識過！）

欲知後事如何，且看下回分解。

（斗數與統計．一）

歸納演繹馬後砲

上文剛談及，若說「紫微斗數是一門跟統計學關係密切的算命術」，則此語當是敷衍外行人的話。另一位小朋友卻有異議，他指出現時香港就有幾位業者用統計辦法來研究紫微斗數云云。

如此說，可能是潘國森孤陋寡聞，但是二說並無衝突。我講的是「向來如此」；今天有人用統計學，便是二十、廿一世紀的新人事、新作風、新發明了。

用統計學來研究一門算命術是個甚麼概念？中國古代學者在甚麼時候開始用統計學來研究醫、卜、星、相等術數？世傳紫微斗數是北宋初年陳摶（字希夷）所創，但是根據現存文獻資料估計，紫微斗數的創立，最早不過明朝。中國宋明的前賢懂得今天香港人琅琅上口的統計學嗎？潘國森少讀理工科，中學時學過概率論，大學時學過數理統計學（mathematical statistics），不是外行人。現代統計學很重要的「正態分佈」（Normal distribution），又名「高斯分佈」，以日耳曼數學家高斯（Gauss）命名，他活在十八九世紀，相當於中國清代乾隆、嘉慶、道光、咸豐四朝。因此陳希夷或者明代的斗數祖師都不可能預見後世會有一門「統計學」的學問傳入中國。

中國學人傳統的治學方法，沒有今天數理統計的概念，雖然也有算算帳，用的卻偏近於「普查法」（census）。比如說你要研究孔子學說中的「仁」，少不免要算一算《論語》中這個「仁」字出過多少遍，然後再分門別類來扒疏，這就是「普查」而不是「統計」，因為不會涉及統計分析。醫、卜、星、相都是易學旁支，二十世紀易學大師高亨先生（1900-1986）研究《易經》中的關鍵詞如「元」、「亨」、「利」、「貞」等，都是先一一列舉該詞在經文中出現的情況。與其說是「統計」，不如說是「普查」。

當代人過於熱衷用數學方法來研究中國傳統術數，恐怕是學現代自然科學而沒有到家入門的結果。現代自然科學之父伽利略（Galileo Galilei，一五六四至一六四二）留下「自然之書由數學語言寫成」的名言，持之糾繩中國傳統學術，就很容易碰釘子。

比如說香港回歸中國之後曾經有一段中醫熱，當時就常聽聞有人磨拳擦掌，說要用「科學方法」來研究中醫，徒令識者笑矣！其中一項異想天開的建議是要將中醫的切診量化，要研發機器代替醫師把脈。這些「科學迷」不知道中國人治學略偏「定性分析」（qualitative analysis），歐洲人治學略偏「定量分析」（quantitative analysis），兩種方法各有優劣，互根互補。自然科學宜多用「定量分析」，中國術數則應多用「定性分析」。當然任何企圖用機器代替人手把脈的行動必定失敗，因為動物的視覺、聽覺、味覺、嗅覺、觸覺都不是機器和「科學數據」能取代。現時歐美流行的品酒師、品咖啡師、品茶師又何嘗可以被機器、科學和統計取代？仍然是人治世界！

斗數是如何發展？潘子曰：「歸納與演繹，再加『馬後砲』。」

（斗數與統計・二）

數理統計研究易爻

未講紫微斗數如何憑歸納法與演繹法來發展之前，先吊一吊大家的胃口，談談用統計學研究中國傳統術數是個甚麼概念。許多年前香港大聲疾呼發展中醫藥的一輪熱潮過後，似乎看不見有甚麼有益的重大變革。倒有一事印象深刻，就是聽說有人用「科學方法」研究中藥名方當歸補血湯的成分！眾所周知，當歸補血湯只用兩味藥，就是黃耆與當歸的比例為五比一。這個研究幹啥事？就是用統計方法，研究這個方入面兩種藥不同成份的效用。時間和經費用了，負責人說結論是黃耆與當歸的比例五比一合理、適宜。

在大學領一份職的科學家做這種實驗研究，少說也要花六位數字的港元，得出的結果，竟然只是同意每一部中醫方劑學入門教科書都有講的材料，即是當歸補血湯的用藥比例應為五份黃耆對一份當歸！捐助類似研究經費的善長仁翁倒有點似冤大頭了！

西洋占星與中國的七政四餘之學同源，二十世紀就有人真真正正用數理統計去研究占星術這一門算命術！法國人高克林（Gauquelin，一九二八至一九九一）用了四十五年時間，搜羅時人的出生資料，分析數以萬計的占星圖，得出歷史上「最科學」的結論。此君活不到七十歲，可以說畢生精力都用在這項曠日持久的學術研究。

問題是占星術涉及大量「參數」（parameters），高克林只能將他的研究範圍收窄，只考慮行星的強弱而全不理會黃道十二宮的性質！他的結論其實也是老生常談，例如最為人津津樂道的是火星與醫生、軍人、運動健將關係密切；演員木星強；科學家土星強等等。有論者認為這樣的發現與傳統觀點相通，例如火星代表活力，木星代表外向表達，土星代表內在思維等等。

高克林好像純粹為以統計學研究占星術而降生人間，可惜他的研究成果似乎在任何西洋占星入門課程裡面，最初的十節八節課就講到。這樣的研究，對於占星術的原理和發展究竟有甚麼意義？當然相比起研究當歸補血湯的成份好得多，中醫常用方劑逾千，只兩味藥的方甚少，研究當歸補血湯的成份，對於探討中醫藥的原理，以及發揚推廣可以說是完全無用！

潘國森從來沒有想過用統計學來研究如紫微斗數之類的任何一門中國算命術數。倒是二十年前曾統計過《易經》三百六十四爻，撰成〈周易爻位學說新議〉一文，在台中東海大學的《中國文化月刊》發表，結論是：「《周易》既為占筮之紀錄，終究涉天人之秘、鬼神之事……未必便有一法可通全經……若恆以為有一簡約義例可通全經而鍥求之，恐成掾木求魚之誤。……援用數理統計說《周易》，非為標新立異故，蓋先秦典籍以《周易》之體例最為嚴整獨特，而象數義理學說與古人筮例之研究亦最宜多作排比，此即數理統計可派用場之處。」

這篇短文其實只能算是一場遊戲，對探討易占的預測原理和效用也是沒有太大的價值。

（斗數與統計．三）

帝統十全格

釐清了一些誤解，此下轉入正題，就是紫微斗數這一門相對「新興」的算命術過去究竟是怎樣發展。

這個可以先從橫向比較入手。現時以紫微斗數算命可算是「顯學」，前一種算命顯學則非子平莫屬。前賢留下子平學理的資料多，斗數的資料則相對少。子平到了現代又是怎樣發展？我們可以看看民國時代的前輩名家的研究方向。

簡單來說，一是研究自身及親友的命造，二是研究當代名人的命造。算命術是「術數」的範圍，跟最廣義的「數學」有共通點。小孩子上學學習現代數學時，是怎樣改進？當然是多解習題了。這方面於學算命術也相同。那又為何要研究本人的命格？那是因為我們對自己的運程順逆瞭如指掌。常言道：「旁觀者清，當局者迷。」這個說法其實並非全對。有些時候會反過來是「旁觀者迷，當局者清。」清代任鐵樵；民國時徐樂吾、韋千里等名家都從深入研究自身的命造而有新發現、新體會。多看命例是研習算命術的不二法門，但是個人會受自身的生活圈子所限，大富大貴、有大成就的親友不多，那就要多研究名人命例，尤其是古人命例。何解？一則古人已死，生平資料較齊全，可以「蓋棺定論」；二則研究時人命例，怕要追蹤多年，術者未必有這麼長命！看古人名造是學術探討，推算時人名造則是實際應用。

讀者諸君至此或許會有疑問，潘國森憑甚麼說斗數的發展要靠研究時人命造？

在此可以舉兩個民國時代出現的新格局。一是「陰精入土」（太陰辰宮安命），一是「木逢金制」（貪狼申宮安命）。清代以前的資料未見有相關的論述（不排除潘某人孤陋寡聞而有誰人藏得「秘笈」），但是剛巧二十世紀兩位地位極高、權力極重的大人物正正是這兩個格局。這個推理方式近似於西洋邏輯學入面的逆推法（Abduction）。斗數的基本「學理」和法則已在，而證之於實例，卻出現過去歷代「祖師爺」未知的性質，由此逆推，就是重大的新發現！

為何原本主富的太陰，在辰宮反而成就「武貴」的大格？為何五行屬木的貪狼在屬金的申宮，名義上木受金剋制反而成為大領袖？這在斗數現存舊有的「理論」無解，於是前輩高賢就訂定了新的格局、新的通則，並起了一個足以令後學印象深刻的新名稱。

讀者諸君或會再有疑問，潘國森憑甚麼這樣講？是否制定「陰精入土」和「木逢金制」的前輩親口告知，或是其傳人傳授？

都不是！

這是潘國森步武前賢的親身體會。

在帝制時代，中國最富最貴的是甚麼人？當然是皇帝。中國近五百年最富最貴的又是誰？當然是清高宗乾隆帝（愛新覺羅弘曆）。他的斗數盤是甚麼格局？竟然是天相在酉宮安命！現時流行的斗數著作，十居其九都說天相在卯酉宮是「弱宮」，誰會夢想得到乾隆皇竟然是天相在酉宮的命？

凡是發現新格局，都應該擁有「命名權」，潘國森「當仁不讓」，為乾隆皇這個「天相在弱宮」的大格命名為「帝統十全」，當為給高宗純皇帝拍一拍馬屁吧！

（斗數與統計・四）

和盤托出

中國歷史上長期實行君主世襲制，推翻帝制才百餘年。中國傳統算命術預測人一生的妻、財、子、祿，大富大貴而多享福的人，一般人都同意以皇帝為最。不過，中國歷代皇帝的平均壽命卻絕對不算高，曾有人統計過，得出的結果是皇帝平均只活三十歲左右。統計的細節不必追究，或謂不計橫死而只算病死的皇帝云云。其實明清兩代的皇帝雖然權力特別大，但工作量亦相對極高。至於皇帝短命，理由多得很，吃得太好是一項，妻妾太多也是一項。總而言之，一個實權皇帝總算是頭等的大富大貴，他的權力特別大，該他管的人和事特別多，他可以享用的財富也特別多。

有清一代的皇帝，未入關是太祖努爾哈赤、太宗皇太極；入關之後是世祖順治、聖祖康熙、世宗雍正、高宗乾隆、仁宗嘉慶、宣宗道光、文宗咸豐、穆宗同治、德宗光緒和遜帝宣統；合共十二帝。除了太祖沒有留下確切出生年月日時之外，共餘十一帝的生辰都可考。用紫微斗數逐一推算，卻原來除了乾隆之外，皇太極和雍正都是天相在卯酉宮的命！老祖宗皇太極在卯宮，雍乾父子在酉宮。十一帝之中，有三人是這個「天相在弱宮」的格局，超過四分之一。如果再扣除同、光、宣三代跡近傀儡的無權皇帝，就是八分之三！於是乎，憑著研究清代諸帝的斗數命格，就可以推翻「天相在卯酉為弱宮」的「教科書說法」。畢竟在有利條件之下，格局可以高到做皇帝！

這樣不能算是用了「統計學」，只能算個案研究的歸納法。皇太極、雍正、乾隆都是有為的君主，所謂有為，是指他們有自己的主張，能夠有效加強自己的權力，以及行使權力。

這正正是研究名人命格的魅力，你不知道這個項目會帶你到甚麼地方，會幫你得出甚麼結論。

乾隆皇可算是中國近五百年來權力最大的人，研究過清代諸帝之後，便想到要看看近一千年來文聲最著的人物，那當然非蘇軾莫屬。他是丙年出生，任誰第一個印象都會認定他命宮必照文昌化科，豈料排出命盤卻是紫微天相在戌宮！古訣有云：「紫微遇破軍於辰戌丑未，為臣不忠、為子不孝。」一般教科書認為這種格局無祿而少輔助就合格。偏偏蘇軾的命煞忌甚重。文昌化科卻落在子女宮。

但這個命屬東坡居士無疑，他的小兒子蘇過世稱「小蘇」，只因後人將蘇洵、蘇軾、蘇轍父子兄弟三人同列「三蘇」，遂完全蓋過了「小蘇」的文名。這顆文昌化科，因蘇軾兩次行辛干大運而被文昌化忌衝起，遂令東坡有「我被聰明誤一生」之嘆，總是因為文章惹禍！

為此，我找了近代最是「為臣不忠」的人物來做對比，就是大名鼎鼎的倒戈將軍馮玉祥，總計其一生，臨陣倒戈有九次之多。他的命格卻是破軍在辰宮對紫微天相。不過，我認為他一生反反覆覆的主因卻極可能是武曲化忌與大府同守福德宮。

淺見以為這就是研究和發展紫微斗數的方略，非關統計也。現在和盤托出，也不是甚麼大不了的秘訣。

（斗數與統計．五．完）

中華非物質文化遺產研究會
心一堂　文化中心
聯合主辦

易學・術數・養生・太極拳　課程

六爻入門・深造・《增刪卜易》理論研討
導師：李凡丁先生（《全本校註增刪卜易》作者）

玄空風水入門・中級・高級・精研・深造班
導師：李泗達先生（《玄空風水心得》作者）

巒頭風水入門・深造
心一堂資深導師

易學入門　紫微斗數入門　紫微斗數深造
導師：潘國森先生（《斗數詳批蔣介石》作者）

太極拳的秘密・內功、行功與揉手

『太極拳』是優秀的中華非物質文化遺產，內容包括武學與養生，博大精深。然而，一般以為緩慢地模仿太極拳套路外形動作便是太極拳，其實是誤解。所謂『練拳不練功，到老一場空』，太極拳其實有內練的功法。可惜過去多是秘傳，知者甚少。根據楊氏太極拳宗師楊建侯宗師的再傳弟子汪永泉先生傳承的講法『內功太極拳（老六路），其獨特之處，不僅在招式，當中有動有靜，著重內功。根據行者的年齡、身體情況、練習招或術、養生或技擊等，姿勢可以大或小，高或低、快或慢……太極拳本無特定之招式，為教學之故，非不得已通過招式、套路、推手（揉手）、器械等去掌握內功與外形的配合、陰陽動靜等。』（按：見〈太極拳的七個台階〉，《汪永泉傳楊氏太極拳功札記（附珍影集）》心一堂有限公司出版。）

導師：汪永泉傳楊氏太極拳研究會資深導師

詳情、查詢、報名：心一堂
電話：（八五二）六七一五〇八四〇
地址：香港九龍旺角西洋菜南街五號好望角大廈十樓1003室
電郵：sunyatabook@gmail.com
網址：http://institute.sunyata.cc
Facebook: www.facebook.com/sunyatabook

心一堂術數古籍珍本叢刊　第一輯書目

占筮類			
1	擲地金聲搜精秘訣	心一堂編	沈氏研易樓藏稀見易占秘鈔本
2	卜易拆字秘傳百日通	心一堂編	
3	易占陽宅六十四卦秘斷	心一堂編	火珠林占陽宅風水秘鈔本
星命類			
4	斗數宣微	【民國】王裁珊	民初最重要斗數著述之一；未刪改本
5	斗數觀測錄	【民國】王裁珊	失傳民初斗數重要著作
6	《地星會源》《斗數綱要》合刊	心一堂編	失傳的第三種飛星斗數
7	《斗數秘鈔》《紫微斗數之捷徑》合刊	心一堂編	珍稀「紫微斗數」舊鈔秘本
8	斗數演例	心一堂編	
9	紫微斗數全書（清初刻原本）	題【宋】陳希夷	斗數全書本來面目；有別於錯誤極多的坊本
10－12	鐵板神數（清刻足本）——附秘鈔密碼表	題【宋】邵雍	無錯漏原版秘鈔密碼表　首次公開！
13－15	蠢子數纏度	題【宋】邵雍	蠢子數連密碼表打破數百年秘傳　首次公開！
16－19	皇極數	題【宋】邵雍	清鈔孤本附起例及完整密碼表研究神數必讀！
20－21	邵夫子先天神數	題【宋】邵雍	附手鈔密碼表研究神數必讀！
22	八刻分經定數（密碼表）	題【宋】邵雍	皇極數另一版本；附手鈔密碼表
23	新命理探原	【民國】袁樹珊	子平命理必讀教科書！
24－25	袁氏命譜	【民國】袁樹珊	
26	韋氏命學講義	【民國】韋千里	民初二大命理家南袁北韋
27	千里命稿	【民國】韋千里	北韋之命理經典
28	精選命理約言	【民國】韋千里	
29	滴天髓闡微——附李雨田命理初學捷徑	【民國】袁樹珊、李雨田	命理經典未刪改足本
30	段氏白話命學綱要	【民國】段方	民初命理經典最淺白易懂
31	命理用神精華	【民國】王心田	學命理者之寶鏡

91	地學形勢摘要	心一堂編	形家秘鈔珍本
92	《平洋地理入門》《巒頭圖解》合刊	【清】盧崇台	平洋水法、形家秘本
93	《鑒水極玄經》《秘授水法》合刊	【唐】司馬頭陀、【清】鮑湘襟	千古之秘，不可妄傳匪人
94	平洋地理闡秘	心一堂編	雲間三元平洋形法秘鈔珍本
95	地經圖說	【清】余九皋	形勢理氣、精繪圖文
96	司馬頭陀地鉗	【唐】司馬頭陀	流傳極稀《地鉗》
97	欽天監地理醒世切要辨論	【清】欽天監	公開清代皇室御用風水真本
三式類			
98－99	大六壬尋源二種	【清】張純照	六壬入門、占課指南
100	六壬教科六壬鑰	【民國】蔣問天	由淺入深，首尾悉備
101	壬課總訣	心一堂編	過去術家不外傳的珍稀六壬術秘鈔本
102	六壬秘斷	心一堂編	
103	大六壬類闡	心一堂編	
104	六壬秘笈——韋千里占卜講義	【民國】韋千里	六壬入門必備
105	壬學述古	【民國】曹仁麟	依法占之，「無不神驗」
106	奇門揭要	心一堂編	集「法奇門」、「術奇門」精要
107	奇門行軍要略	【清】劉文瀾	條理清晰、簡明易用
108	奇門大宗直旨	劉毗	天下孤本 首次公開 虛白盧藏本《秘藏遁甲天機》
109	奇門三奇干支神應	馮繼明	
110	奇門仙機	題【漢】張子房	奇門不傳之秘 應驗如神
111	奇門心法秘纂	題【漢】韓信（淮陰侯）	
112	奇門廬中闡秘	題【三國】諸葛武侯註	
選擇類			
113－114	儀度六壬選日要訣	【清】張九儀	清初三合風水名家張九儀擇日秘傳
115	天元選擇辨正	【清】一園主人	釋蔣大鴻天元選擇法
其他類			
116	述卜筮星相學	【民國】袁樹珊	民初二大命理家南袁北韋
117－120	中國歷代卜人傳	【民國】袁樹珊	南袁之術數經典